– 우리 아이들을 볼모로 잡지 마라 –
전교조에 告함

- 우리 아이들을 볼모로 잡지 마라 -
전교조에 告함

김 동 렬

뿌리출판사

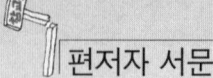

편저자 서문

전교조(전국교직원노동조합)

이는 신문 지상이나 TV 뉴스, 토론 등에 자주 등장하는, 대표적 교원단체의 하나이다.

전교조는 학교에서 학생들에게 국가대계인 '교육'을 맡고 있는 교육공무원 교사 직분인 한편, 개인으로서의 자기 권익을 극대화하기 위한 노동조합의 노동자라는 이중적 지위를 갖고 있다.

예산 보성초등학교 고 서승목 전 교장의 자살 사건과 같은 '교단 갈등'의 한쪽 당사자이자 미군에게 잔혹하게 살해된 윤금이 씨 사진을 아이들에게 보여주며 수업을 했던 교사가 소속된 교원단체며, '이라크 반전평화공동수업'에서 실질적으로 '반미수업'을 하여 학생들을 반미 편향적 사고를 하게 만들었다는 지적을 받고 있으며, 대단히 친북적이라는 이미지를 갖고 있다. 국가 정책인 NEIS(교육행정정보시스템) 반대 투쟁, 노 대통령 탄핵 반대 및 4.15 총선시 민주노동당 공식지지 등의 '불법적' 정치 참여, 인천외고에서 학생들과 더불어 전교조 교사에 대한 '파면 철회' 투쟁, 대학 수시 전형과 관련된 '고교등급제'와 '내신 부풀리기' 문제 등이 우리 국민들이 접할수 있었던 전교조의 모습이다.

전교조는 민주노총(민주노동조합총연맹) 산하의 노동조합이다. 前 전교조 위원장인 이수호 씨가 현 민주노총 위원장에 당선된 사실만 보더라도 전교조가 민주노총에서 차지하는 중요도, 위상, 연관성을 미루어 짐작할 수 있다. 그래서 그런지 전교조가 나서는 분야는 비단 교육 분야 뿐이 아니다. 정치, 경제, 사회, 외교, 통일, 국방 등에 이르기까지 교육과 직간접적인 상관관계가 없는 사안에 까지 나서 집단행동을 통해 거리에 나서 수많은 '투쟁'을 벌인다. 그러니 전교조는 이제 교육단체인지, 시민단체인지, 또는 정치단체인지 모를 정도가 되었다.

이에, 학부모들은 이래서야 전교조 선생님들이 언제 공부하여 실력을 배양하며, 정신을 집중하여 성의있게 학생들을 가르칠 수 있겠는가 우려할 수 밖에 없다. 경제도 나빠져 필수 가계 지출도 최대한 줄여야 하는 판국에 사교육비 역시 줄이고 싶은 것이 대부분 학부모들의 솔직한 심정일 것이다. 그러나, 학교 선생님들이 이런 식으로 우리 자녀 학생들 교육보다는 엉뚱한 데에 신경을 쓴다는 인식을 전교조 선생님들이 주고 있으니, 학부모들이 어찌 공교육인 학교 교육만 믿고 사교육을 찾지 않을 수 있겠는가!

　게다가 2004년 인천의 모 외고의 경우, 정당한 징계 절차를 통해 파면된 전교조 교사 2인의 파면 철회를 위해 전교조는 학생들을 앞세워 장기간 물리적 투쟁을 벌였다. 파면 조치에 불만이 있다면 정해진 법률과 절차에 따라 수습할 수 있는 문제를 전교조가 판단력이 미숙한 학생들을 선동하여 자신들의 투쟁에 동참시킨 사실은 학부모로서 대단히 유감스러운 일이 아닐 수 없다.

이에, 전교조에 告한다

　"우리 아이들을 볼모로 잡지 마라"라고.

　우리 아이들은 선생님들께 배우러 학교에 간다. 그만큼 학부모들은 우리 아이들을 맡은 선생님들을 대하기 어려워 한다. 때문에 학부모들은 선생님들에게 불만이 있어도 우리 자식들에게 혹시라도 해가 될까 걱정되어 할 말을 최대한 아껴왔다. 그러나, 이젠 사정이 다르다. 학생을 분명히 '학생동지'라고 까지 부르며 전교조가 자신들의 목적 달성을 위해 우리 아이들을 이용하고 있으니, 우리 아이들은 영락없이 전교조에게 볼모로 잡힌 꼴이다. 이런 마당에 교육수요자인 학부모로서, 전교조가 아니라 그 누구에게라도 못할 말, 무엇이 있겠는가. 하물며 내 생명보다 귀한 내 자식들의 미래가 달린 일인데 더 이상 무엇을 망설이겠는가.

　이 책은, 2003년 4월 4일, 예산 보성초등학교 고 서승목 전 교장 선생님의 자살 사건 이후 전교조 본부의 인터넷 홈페이지의 "진흙속에 핀 연꽃"(http://moim.ktu.or.kr/eduhope/)이라는 익명 자유게시판에 게시된 학부모 몇 분들의 글들을 중심으로 엮어 보았습니다.

  전교조를 그 대상으로 한 교육 현장의 문제점, 비판, 대책 등을 논리와 해학, 주장, 새로운 사실의 발견 등으로 써 나가고 있는데 논설문, 비평문, 수필, 시, 한시, 담시, 패러디 등 다양한 장르가 망라되어 있습니다. 최대한 게시 원문 그대로 옮겨 왔기 때문에 글들 중에는 인터넷 게시판의 특성상 한글 맞춤법에 맞지 않거나 일부 비속적인 표현도 담겨 있는 바, 이는 '현장'의 모습을 그대로 살리고자 하였음을 미리 양해 구하는 바입니다.

  끝으로, 이 책을 통하여 독자 분들이 전교조를 통해 본 우리 교육 현장의 이해에 도움이 되어 주었으면 하는 마음이며, 오직 우리나라 교육을 위해 오랜 시간 귀한 글들을 남겨주신 8인의 필자님들과 이 책을 내게 해주신 뿌리출판사의 윤현호 사장님께 깊은 감사의 말씀을 드립니다.

  아울러 필자님들의 글이 비록 쓰디 쓴 내용들이 대부분이긴 하지만, 전교조 여러분들이 열린 마음으로 이 필자들의 정의와 양심의 목소리에 귀를 기울여, 진지하게 자신들의 문제에 대한 고민을 해 볼 수 있는 기회가 되었으면 하며, 이 나라의 교육 발전을 위해 한층 더 매진하실 수 있는 계기가 되었으면 하는 바람입니다.

2004년 11월

편저자 김 동 엽

필명 소개

* ohara

치밀한 논리와 정확한 언어 구사로 단순한 게시 글만이 아니라 전교조와 열띤 토론에서도 밀리는 경우가 없다. 네티즌으로서의 매너도 A급으로 대표적인 지성인의 면모를 보여 주고 있다. 전교조의 '편향적 사상, 이념교육'과 '교육 자료'의 문제점을 지적하고 비판하는 글이 주류를 이루고 있다. 사전에 구체적인 증거를 확보하고 할 말을 하기 때문에 전교조에서는 이 필자의 주장에 대해 반론을 제기하는 것에 매우 어려움을 겪는다.

전교조의 '반전평화공동수업자료'에서 잘못된 부분을 밝혀내어 이를 공개하고, 대 국민 사과 및 관련 조처를 요구함으로써 전교조를 곤혹스럽게 만든 주인공이다.

* 봄바람

보성초등학교 서 교장 사건 이후 가장 많은 글로 전교조를 비판해 온 대표적인 필명으로 한 때 전교조 측에서 '봄바람 전용' 게시판까지 만들어 주었을 정도이며, 전교조 운영자에 의해 삭제된 글이 가장 많은 사람이다. 이 필명의 글은 짧고 간결하면서도 주장이 강한, 흐트러짐이 없는 문장에 '해체 전교조, 전교조 없는 참 맑은 세상을 위하여……' 라는 '구호'를 글 말미에 달아 넣고 있는 것으로 유명하다. 불교적인 것과 고전을 연구하는 학자로 알려져 있고, 교육 문제에 대한 핵심과 문제점을 잘 파악하고 있으며 교육 개혁에 대한 진취적인 제안도 하고 있다.

* 청헌

전교조 합법화 이전 시점에 전교조 해직 교사들의 변호를 맡았던 변호사로서 상식적으로 보아선 '親 전교조' 여야 마땅할 이 필자까지 전교조를 비판하고 있다는 이 현실은 전교조 자체에 문제가 있음을 분명하게 보여주는 것이기 때문에 이 필자의 전교조에 대한 비판의 글은 전교조에게 큰 부담이 되고 있다.

주관적인 시각보다는 법률적 근거에 의한 글 합리적이면서 제3자적인 객관성을 유지하는 글을 쓰기 때문에, 무차별적으로 험하게 안티들에게 대응하던 전교조 측 게시자들 조차도 이 필자의 게시 글에 대해서는 함부로 욕설이나 비난을 하지 못하고 있다.

* 스전폭

봄바람과 함께 가장 오래된 안티 필명 중의 하나로 원래 '스승님과 전교조 조폭'이라는 필명을 써오다가, 후에 '스전폭'으로 필명을 줄여 사용하고 있음. '스텔스 전략 폭격기'의 약어로 불리는 것이 더 수긍이 갈 만큼, 전교조의 투쟁 활동, 그리고 교육 현안들에 따라 다양한 주제와 소재, 필체로 전교조를 추궁하고 있다.

전교조에게 그 본분인 교육공무원으로서의 사명에 투철해 주기 바라는 '전통적 스승상'을 요구하고 있으며, 국익적 관점의 교육을 하여줄 것을 요구하는 주문과 비판이 글의 주류를 이루고 있다.

* 진등

'소태나무', '시골사람' 등의 필명을 쓰기도 하는 이 필자는 시골 생활을 배경으로 시골사람의 눈으로 보고 듣고 느낀 바를 유연한 감성으로 써 나가면서, 전교조와 교육계뿐이 아니라 현대를 사는 모든 이들이 잊고 살아가는 것에 대한 글을 게시함으로써 잔잔한 감동을 주는 글들이 압권이다. 전교조 선생님들이 자기 개인 이익만을 추구하기 보다는 교직에 충실하고 학생들을 위해 봉사하는 마음을 가질 것, 개인주의의 홍수 속에서 사라져 가는 우리나라 고유 미덕인 상경하애(上敬下愛) 등의 전통 윤리를 지킬 것을 당부하고 있다.

* 뿌리

조선시대의 풍류시인 김삿갓이 환생한 듯한 착각이 들 정도의 재치 있는 漢詩와 우리나라 사람들이 잘 모르는 세계 각국의 숨어 있는 이야기들을 기본으로 하여 전교조를 비판한다.

전교조 게시판 운영자 임의로 이 필자의 글은 대부분 삭제할 정도로 풍부한 한자 능력을 바탕으로 漢詩로 농하는 것이 주특기이며, 영어, 불어, 중국어, 일어 등 우리나라 말을 포함한 5개 국어와 그 국가의 문학에 풍부한 식견을 가지고 있다. 자신의 직업을 '어부'라고 하고 있으나, 실제 고기잡는 어부인지는 알 길이 없다.

* 정문

다소 늦게 '안티'로 동참하긴 하였으나, 기발한 아이디어와 순발력으로써 주로 시, 담시 등의 형태로 해학적으로 전교조를 추궁하는가 하면, 때로는 세속오계 등 유명한 "계율"을 패러디하여 전교조의 모습을 풍자하는 글을 많이 쓰고 있다.

'정문'이란 필명은 '학교를 정문으로만 다녔다'에서 지어진 것이라고 하는 설도 있으나, 정문일침(頂門一鍼 : 〔정수리에 침을 놓는다는 뜻으로〕 '따끔한 비판이나 타이름')의 '정문(頂門)'에서 따왔다는 설도 있는데, 본인 스스로 침묵으로 일관하고 있으므로 알 수가 없다.

* 새미래

평범한 직장인이라고 밝힌 이 필자는 국익 우선의 전형적인 애국적 인사로 보인다. 게시글 자체는 다른 안티 필자들과 비교할 때 다소 적은 편이나 27개항에 이르는 전교조의 문제점을 시시때때로 추궁하면서, 전교조 조합원들과의 논쟁을 즐겨하는 편이다. 사소한 문제점 보다는 국가적인 안목으로 보았을 때 현재의 전교조를 대단히 위험한 존재로 확신하고 있는 듯이 보이며, 이에 전교조의 반성과 善으로의 전환을 갈구하고 있는 모습이 글에서 역력히 나타난다.

목 차

편저자 서문 ——————————————————— 4
필명소개 ——————————————————— 8
최근의 전교조 주요일지 —————————————— 17

제 1장 : 교단의 '터미네이터' ————————— 25

● 더 높이 오르고 싶다지만 (편저자 김동렬) ——————— 27
■ 내가 보는 전교조 (청헌) / 31
■ 교장, 교감선생님과 전교조 - 전교조에게 주는 충고 (ohara) /34
■ 무위도식하는 교장교감? (진등) / 37
■ 원칙을 지켜야 (청헌) / 40
■ 전교조와 선거 (청헌) / 41
■ 실년(實年) (뿌리) / 43
■ 무슨 근거에서냐고 (청헌) / 45
■ 마귀벌 정벌기 제 3편 전마조(全魔祖)의 위용 (정문) / 47
■ 교장선출보직제를 주장하는 조합원들에게 (ohara) / 49

● 사람까지 잡을 일 있습니까? (편저자 김동렬) ——————— 51
■ 대단한 전교조는 그녀의 젖통가리개였다 (봄바람) / 55
■ 교장이 죽을 수 밖에 없는 이유 (봄바람) / 57
■ 서교장선생님은 왜 자살하셨을까? (ohara) / 60
■ 전교조의 과잉대응에 대하여 (뿌리) / 62
■ 학교의 시간표는 신성한 불변의 약속이다 (봄바람) / 67
■ 전교견 이야기 세번째마당 (정문) / 69
■ 말려야 할 일을 부추기고, 부끄러워 해야 할 일을 자랑하는 사람들 (ohara) / 72
■ 인천외고 동영상을 보고 기가 막혀서 (진등) / 75

우리 아이들을 볼모로 잡지 마라
전교조에 告함
金 東 烈

- 전교조치기를 아시나요 (스전폭) / 79

● 전교조로 되돌아온 부메랑 (편저자 김동렬) ——————— 83
- 이제 우리 국민들이 바라는 것은 (봄바람) / 87
- 교육개혁, 이제는 혁명뿐이다 (봄바람) / 91
- 학생과 학부모에 의한 교사평가제 (청헌) / 97
- 이 게시판 어느 관전자에게 드리는 답변 (뿌리) / 99
- 안티 소감 (청헌) / 103
- 이 나라의 공교육이 무너지는 많은 원인은 전교조에게 있다 (스전폭) / 105
- 예부터 스승은 임금과 아버지의 반열에 올랐다 (봄바람) / 109
- 학생동지가 뭐 어쩌고 어째 (진등) / 111
- 원영만 당신은 패악질을 멈추어라 (스전폭) / 113
- 홀로먹기 2 - 날로 먹기 (정문) / 115

제 2장 : 학생들은 '도구'인가 ——————— 121

● 참교육이면 다 좋은 줄 알았는데 (편저자 김동렬) ——————— 123
- 전교조의 범법행위 (ohara) / 127
- 촛불시위 잘 다녀 오십시오 (ohara) / 129
- 초중등교육에서의 이념교육은 어디까지 허용되어야 하나? (ohara) / 133
- 전교조 집행부에 보내는 공개 질의서 (새미래) / 139
- 전교조는 가면을 벗어라 (새미래) / 143
- 강서황혁님께-시골사람이 (진등) / 146
- 도깨비와 귀신 (뿌리) / 149
- 황혁님께2-시골사람이 (진등) / 151

- 이런 '참교육'은 곤란하지요 (편저자 김동렬) ——————— 155
  - 전교조의 엉터리 교육자료 공개 (ohara) / 159
  - 신연식 전교조 통일위원장의 사과문을 읽고 (ohara) / 165
  - 각양 각색의 살아가는 방법 (ohara) / 169
  - 전교조의 애달픈 사연 (스전폭) / 171
  - 離別之情 (뿌리) / 175
  - 단순함이 아름다울 때가 있다 (진등) / 177
  - 어린이날에 생각한 윤금이 씨 사진 교육 (ohara) / 179
  - 전교조와 그 지지자들에게 보내는 봄바람의 노래 (봄바람) / 181
  - 계기교육 실시를 앞둔 조합원들께 드리는 당부 (ohara) / 183

- '참교육' 말고 '그냥 교육'만 해주세요 (편저자 김동렬) ——————— 189
  - 전교조의 존재 가치는 백해무익한 것이다 (봄바람) / 193
  - '참교육'의 기본방향은 바뀌어야 한다 (스전폭) / 196
  - 참 딱한 그림 (스전폭) / 199
  - 시골이야기-땅 덕, 하늘 덕 (진등) / 205
  - 현명한 농부 (진등) / 207
  - (상식)초등학생에게 묻는 전교조 퀴즈 (뿌리) / 209
  - 초등학생에게 보내는 전교조 토론자료 (뿌리) / 214
  - 반공교육 더욱 가열차게 해야한다 (진등) / 217

제 3장 : '참 이상한' 노동자들 ——————— 221

- 아무리 '카멜레온' 신분이라지만 (편저자 김동렬) ——————— 223
  - 전교조를 위한 봄바람의 노래 (봄바람) / 227
  - 어떤 사람들에게 권하는 몇 가지 두서없는 말 (청헌) / 229
  - 농사꾼의 쓴소리 (진등) / 231
  - 이해 안되는 계산 (진등) / 235
  - 믿음과 희망의 이유를 보고자 (청헌) / 237
  - 내 상식에 문제 있는가 (진등) / 239
  - 훈장 똥은 개도 안 먹는다 (봄바람) / 242
  - 시대가 변하면 법률도 변해야 한다. 맞기는 맞는 얘기다 (스전폭) / 243

- 법도 좀 지켜가면서 하시지요 (편저자 김동렬) ──────── 247
  - 민주주의와 불법 (청헌) / 250
  - 뻗대는 전교조 (진등) / 251
  - 교육의 자주성 전문성 정치적 중립성을 바란다 (청헌) / 253
  - 판례 여기 있소 (청헌) / 255
  - 연재 학교에서 생긴 일 중에서 (청헌) / 257
  - 이 판례도 보시오 (청헌) / 259
  - 판갈아 주세요? (스전폭) / 262
  - 인권에도 순서가 있다 (청헌) / 265
  - 우는 아이 젖주기 (ohara) / 267

- 전교조 선생님, '투쟁'은 이제 뚝! (편저자 김동렬) ──── 269
  - 전교조의 정체는 무엇인가 (봄바람) / 273
  - 만류하는 말씀 (청헌) / 275
  - 원영만 조합장님의 단식에 즈음하여 (뿌리) / 277
  - 전교조의 투쟁오계 (정문) / 279
  - 전교조의 인의예지신 (정문) / 281
  - 홀로먹기 (정문) / 283
  - 노는 눈 있으신 분만 보십시오 (진등) / 289
  - 엽편소설, - "지도부가 잘 헌것도 있지라" (스전폭) / 292
  - 우물 밖 세상을 보라 (새미래) / 295
  - 이제 변해야 한다. 변해야만 산다 (새미래) / 297
  - 전태일을 더 이상 팔아먹지 말라 (스전폭) / 303
  - 우리 아이들이 살아갈 세상을 위하여 (ohara) / 305

- 마치면서(편저자 김동렬) ──────────────── 309

최근의 전교조 주요 일지

1. 충남 예산 보성초등학교 서승목 교장 자살 사건

2003년
3월 2일, 진 모 기간제 여교사 보성초등학교 첫 출근
3월 18일, 陳모 기간제 여교사 무단결근과 동시에 교육부·여성부 홈페이지에 「교장·교감에게 차 시중과 접대를 요구받았다」는 요지의 글 게재
3월 20일, 陳모 여교사 사직서 제출. 교육부·여성부·예산교육청·예산군청·전교조 등의 홈페이지에 같은 요지의 글 게재
3월 22일, 예산교육청 보성초등학교 방문 진상조사
3월 24일, 全敎組 보성초등학교 방문 진상조사 후 기간제 여교사 「원상복직」과 「서면사과」요구
3월 25일, 전교조 사무실에서 서 교장, 진 교사, 예산교육청 장학사, 전교조 사무처장 등이 만남. 서 교장은 재임용은 수용하되 서면사과는 거부.
3월 27일, 徐교장 기간제 여교사 보성초등학교에 재임용
3월 29일, 전교조 관계자 2명 예산교육청 방문. 교육청의 조치 미흡 항의.
3월 31일, 전교조 20여명 예산교육청 항의 방문. 서 교장 서면사과 및 예산교육정의 강력한 지도감독 요구. 全敎組, 서교장에게 언론 공개」 등의 내용이 포함된 향후 투쟁 일정 통보
4월 1일, 陳 교사 보성초등 재임용, 인터넷 신문 오마이뉴스에 보성초 사건 게제
4월 2일, 대전일보 등 지방 신문에 기사 보도. 全敎組, "보성초등학교 교장의 기간제 교사 교권 침해 자료" 각 학교 통보
4월 4일, 徐교장 자살

2. K여고 교감의 "전교조 교사 폭행" 사건

2003년 4월 21일, 경기도 광명시 소재 K여고에서 이 학교 교감이 교육행정정보시스템(NEIS) 정보 입력 지시를 거부한 전교조 소속 남녀 교사 2명에게 "폭언을 퍼붓고 무릎을 꿇게 한 뒤 배와 어깨를 발로 차는 등 폭행을 가한" 사건.
이 사건은 사건의 진상은 별도로 치더라도 사건 당사자인 K여고 교감과 교장의 실명과 전화번호까지 기록하여 전교조 본부 홈페이지의 보도자료에 올린 바 있다.
사건의 진상이 채 밝혀지기도 전에 공개적으로 K여고 교감과 교장의 신분을 밝힘으

로서 당사자들의 심리적 압박을 가한 행위로 보여질 수도 있으며, 전교조 조합원으로 하여금 당사자들에게 전화해서 못살게 굴라는 미필적 고의나 선동으로도 볼 수 있는 행위로도 생각될 수 있는데, 전교조가 조합원뿐이 아니라 타인의 인권도 존중을 하는 곳이냐 하는 네티즌들의 비난을 샀다.

3. 전교조 교사의 "교감 폭행" 사건

2003년 4월 25일, 서울 영등포구 M초등학교 전교조 소속 金모(41)교사는 지난 달 25일 학부모와 교사들의 식사 모임에서 NEIS(교육행정정보시스템) 시행 문제로 동료 吳모 교사와 화장실에서 만나 설전을 벌였는데, 金교사는 이 때 高모(51)교감이 끼어들어 싸움을 말리자 高교감을 주먹과 발로 마구 때려, 쓰고 있던 안경을 깨뜨리고 얼굴 등을 10바늘이나 꿰매야 할 정도의 중상을 입힌 것으로 알려진 사건으로, 교사는 "단지 밀었을 뿐"이라고 폭행 사실을 부인한 것으로 보도됨.

단순한 "사고"였던 우발적, 또는 고의적 폭력을 사용했건 전교조 조합원이 가해자인 사건인데, 평소 조합원이 조금이라도 불이익을 받으면 자신들과 생각이 다른 사람에게는 엄격한 기준을 적용하여 즉각 성명서를 내고 공개 사과 요구나 고소 고발 등의 과잉반응을 보여 왔던 전교조가 조합원이 가해자인 이 사건에 대해서는 아무런 대외적인 발표도 하고 있지 않았다는 점은 자신의 잘못에는 관대하고 남의 잘못에 대해서는 인색하지 않느냐 하는 비판을 받은 사건이다.

4. 제주도 H고교, "교장 고소용 학부모 위임장" 배포 사건

제주도의 H고교에서 전교조 교사들이 교육행정정보시스템(NEIS)을 채택한 교장을 고소하려고 2학년 학생들에게 "내 아이의 정보를 NEIS에 올릴 경우 민형사상 소송을 제기할 수밖에 없다"는 반협박조의 학부모 위임장을 받아오도록 한 사건으로, 고소 대상이 된 H고교 교장이 이를 보다 못해 인터넷에 이 사실을 올림으로써 알려지게 되었다.

법이라는 것은 인간 규범 중 가장 최후의 수단으로 사용하는 것이 상식인데, 과연 이 사안이 꼭 법에 호소할 만한 절박성이 있었는가에 대한 의문이 있고, 고소 대상이 된 학교장의 권위를 무너뜨리겠다는 의도가 없었다면 최대한 자제를 했어야 하지 않았는가 하는 문제점이 있을 뿐 아니라, 더우기 교육적 측면에서 학생들이 이런 일을 통하여 트러블 발생시 집안 어른과 학교 어른을 거리낌없이 고소하고 대화보다는 투쟁으로 세상을 사는 학습을 하게 된다는 반인륜적, 반교육적 악영향을 감안했어야 했던 사건이다.

5. 윤금이 씨 사진 교육 사건

2002년 12월 16일, 경기 고양시의 한 중학교 수업시간에 전교조 교사가 미군에게 잔인하게 살해된 한국 여성 '윤금이 사건'의 사체 사진을 학생들에게 그대로 보여줬다가 학부모들이 반발하는 등 물의를 일으킨 사건.

교장이 이 교사의 수업을 "감수성이 예민한 어린 학생들에게 도가 지나치게 자극적이고 잔인한 사진으로 비교육적인 교육을 시킨다"는 이유로 수업을 중단할 것을 지시했으나 전교조가 반발하는 과정에서 사진이 외부에 공개돼 전교조가 비난을 크게 샀다.
이후 지난 2월 학부모들이 대책위를 구성, A교사의 담임 배정 제외를 요구하며 거세게 항의하자 이번 학기 담임 배정에서 A교사를 제외했다. 이 사건에 대해 전교조는 TV 토론회 등에서 이 수업의 정당성을 공개적으로 주장하고 있으나 국민들의 거센 반발에 부딪치기도 했다.

6. 반전평화공동수업과 동 '자료 조작' 사건

전교조는 이라크 전쟁이 한창일 때 본부차원에서 반전수업 자료집을 내고 일선 학교에서 이를 수업에 사용할 것을 권했다가 일부 내용이 적절치 못해 비난을 받자 내용을 고쳤다.
전교조 스스로도 잘못됐다고 인정했던 내용은 수업자료집 가운데 '반전퀴즈' 문항 중 "부시 대통령이 공식적으로 내세우는 (전쟁의)이유를 그대로 믿는 사람은 바보가 아니면 아무도 없다"란 문장, 한편 퀴즈 점수를 80점 이하로 받은 학생을 '겉은 한국인이지만 실제로는 미국인일 가능성이 많은 사람' 이라고 표현했다가 '이웃과 세계의 문제에 더 많은 관심을 가져야 하는 사람' 으로 고치기도 하는 등 반전평화 교육를 목적으로 했다는 자료가 실제로 반미 세뇌 교육으로 변질되었다는 지적이 많은 교육이었다.
심지어, 공동수업자료집 중 "팔레스타인 어린이가 이스라엘 탱크에 돌을 던지는" 사진을 전교조가 편집하는 과정에서 자의적으로 "걸프전 때 (이라크 어린이가 미군 탱크에) 돌을 던지는" 사진으로 캡션을 넣은 바 있는데, 이 '자료 조작' 사실을 네티즌이 발견하여 전교조의 공개 사과를 요구하게 된 사건이다.

7. NEIS(교육행정정보시스템) 반대 투쟁 주요 일지

2003년
3월 27일 : 전교조 분회장 3천여명, 여의도에서 NEIS반대 등 연가 투쟁
5월 12일 : 국가인권위원회, NEIS 3개항 부분 수정 시행 권고
5월 16일 : 원영만 위원장 삭발, 단식 농성 투쟁 전개
5월 20일 : 연가투쟁 찬반투표 (교육공무원 지방직화 반대건 포함)
6월 11일 : 지부별로 '선봉대' 를 꾸려 각 시도 교육청에서 NEIS 중단을 촉구하는 전국 동시다발 집회와 농성. 1인시위 등.
6월 16일 : '분회 총력투쟁'. 학교 단위 각 분회, 단식수업과 불퇴근 철야농성 등 시도
6월 21일 : 연가 투쟁 전국서 약 5000명 참가, 동국대 집결 및 서울 주요 거리에서 시위
7월 2일 : 체포 영장에 의한 경찰 연행을 거부하고 서울 명동 성당 앞에서 원 영만 위원장 등 집행부 8명 농성 돌입
7월 17일 : 원영만 위원장, 연가투쟁 주도로 '업무방해죄' 로 구속 수감
8월 4일 : 서울, 경기, 인천지부 등에서 연가투쟁 관련 징계에 대한 '징계저지투쟁' 전개 개시
8월 21일 : 원영만 위원장, 보석 출감.

11월 18일 : 고교 3학년생 3명이 국가와 교육부장관을 상대로 낸 학생부 CD 제작, 배포금지 가처분신청 수용 결정
12월 15일 : 국무총리실 교육정보화위원회, 교무·학사(학교생활기록부)와 보건(건강기록부), 입학/진학 등 3개 영역은 별도 시스템을 구축, 운영하기로 최종 결정
12월 20일 : 동 위원회, 교무·학사(학교생활기록부)와 보건(건강기록부), 입학·진학 등 3개 영역에 대해 1년 이상을 시범운영 기간으로 정해 2천여 고교는 단독 서버로, 또 8천여 초·중학교는 원칙적으로 15개교를 한 단위로 그룹 서버로 각각 운영하도록 함

8. 전교조 교사 방북

전교조 교사 130여 명, 2003년 7월 29일 ~ 8월2일(4박 5일)간에 걸쳐 북한의 '교원문화직업동맹' 초청으로 북한을 방문.
7월 29일 : 915 평양 주 탁아소, 창광유치원, 모란봉제1중학교, 평양4소학교 방문, 환영만찬
7월 30일 : 백두산, 삼지연 등지를 관람
7월 31일 : 묘향산 지구, 국제친선관, 보현사 등 관람, 평양교예단 공연 관람
8월 1일 : 남북 교원 상봉 모임, 남북의 교원들과 북한 학생들이 함께 참여한 예술공연과 친선 경기, 평양소년예술단의 공연 관람, 평양 시내관광, 답례 만찬
8월 2일 : 김일성종합대학, 인민대학습당 관람, 오후 5시 순안공항 출발. 반전평화 8.15 통일 교사 대회와 '교사 학생 통일 한마당'
2003년 8월 15일, 전교조는 민주노총, 통일연대, 여중생범대위 등과 연합하여 광화문에서 일본 군국주의 부활 규탄 집회, 6.15공동선언 관철을 위한 2003년 통일염원 노동자대회, 반전평화 8.15대행진 군중대회, 반전평화 촛불시위에 참가한 후,
2003 반전평화 교사 청소년 통일한마당'을 열어
- 한반도의 전쟁을 막아내고 평화를 지켜내자
- 6.15 공동선언을 이행하여 자주적 평화통일 이룩하자
- 교사와 청소년이 통일운동의 당당한 주체임을 선언하고 통일조국을 실현 위한 실천을 결의하자
- 평양교육견학단의 성과를 공유하고, 통일운동을 대중화하자는 집회를 가짐. 광화문에서는 '통일, 반전평화'를 외치고 바로 옆 시청앞 광장에서는 '反核反金 8.15 국민대회'가 열리고 있어 국민의 이념적 분열이 확연하게 드러나기도 했다.

10. 멕시코 '칸쿤' 원정 투쟁

2003년 9월 10일 ~ 14일간 열린 WTO 세계각료회의에 민주노총 투쟁단의 한 구성원으로서 전교조 조합원 20명은 회의 개최지 멕시코 칸쿤에 원정, '반세계화 투쟁' 활동에 나섰다.
9월 10일, 치열하게 전개되던 한국 농민 투쟁단의 투쟁 과정에서 'WTO KILLS FARMERS'라는 몸자보를 걸치고 회의장 앞 바리케이트에 오른 농민운동가 고 이경해 씨는 할복하여 끝내 숨지고 말았다.

11. 민노총 파업에 전교조 동조 참여

손해배상과 임금가압류 등이 주요 원인이 되어 2003년 10월 17일 고 김주익 씨(부산 한진중공업 소속) 등 노동자의 잇달은 죽음은 민주노총의 파업 시위에 주요 명분으로 작용하였고, 11월 6일과 12일, 각각 1, 2차 총파업을 벌였다. 특히, 11월 9일 열린 전국노동자대회에서는 화염병과 각목, 새총까지 등장해 경찰과 노동자들 사이에 유혈(流血)이 낭자한 격투까지 벌어지기도 했다. 전교조는 본부 차원에서 이 민노총의 파업에 '수업을 오전으로 조정 후' 동조 참여하자는 뜻을 조합원들에게 전달한 바 있음.

12. 탄핵 무효, 부패정치 청산, 진보적 개혁정치 촉구 교사선언

"거대야당의 헌정질서 유린", "부패 수구집단의 반민주적 정략놀음", "또 다른 보수정치", "진정 진보적이고 개혁적인 정치세력으로의 '정치판 판 갈이'" 등의 특정 정치 세력들에 대한 지지, 반대 의사 표현이 담긴 선언을 하고 있다. 2004년 3월 19일 "탄핵 무효, 부패정치 청산을 촉구하는 교사 일동"이라는 명의로 전교조 약 1만 7천명이 이 선언에 서명한 것으로 알려짐.

이에 대해 교육인적자원부에서는 "교사도 공무원 신분이므로 정치적인 중립을 지킬 의무가 있다"며 "전교조가 시국선언문에서 부패정치 청산을 주장할 수는 있겠지만 대통령 탄핵에 반대하거나 특정 정당을 지지하는 것은 위법행위로 볼 수 있다"고 언급한 바 있다. 또, 중앙선관위는 "전교조가 소속 교사들에게 탄핵 선언문의 서명을 받은 것은 선거법상 탈법 방법에 의한 문서 등의 배부 및 게시 금지(제93조), 서명·날인 운동의 금지(제107조) 규정 등에 위배된다"고 밝혔으며, "선언문의 내용은 공무원의 선거 중립 의무를 규정한 선거법 제2조 위반"이라고 하였다.

13. 헌법재판소, 교원의 정치활동을 제한하는 것은 합헌임을 결정

2004년 3월 25일, 헌법재판소는 공무원의 정치적 중립성(제7조 제2항)과 특히 교육의 정치적 중립성(제31조 제4항)을 명문으로 규정하고 있는 우리 헌법하에서 초·중등학교의 교원들에게 정당가입과 선거운동의 자유를 허용하는 것이 입법론적으로 바람직하다고 할 수는 있을지라도, 법률로 이들에 대하여 정치적 기본권 중 일부인 정당가입 내지는 선거운동의 자유를 제한한다고 하여 이들 두고 과잉입법금지원칙이나 평등원칙에 위배되어 위헌이라고 단정할 수는 없다는 것을, 관여 재판관 전원의 일치된 의견으로 결정함.

14. 전교조, 총선에서 민노당지지 선언

헌법재판소의 교사의 정치참여 제한 합헌결정이 나온지 4일 후인 2004년 3월 29일, 전교조는 인터넷 홈페이지에 원영만 위원장의 이름으로 '참교육 참세상을 위해 애쓰시는 조합원 동지여러분께'라는 글을 올려 "노동자의 정치세력화를 위해 진보정치 실현에 앞장 설 4.15 총선에 적극 대응하기로 했다"고 밝히면서, 특히 "민주노총에 가입된 전교조의 정치방침은 민주노동당을 통해 노동자의 정치세력화를 실천하는 것"이라며 민노당 지지의사를 나타냈는바, 이는 전교조의 정치 참여 의지를 강하게 보여주고 있다.

전교조는 상급단체인 민주노총의 결정을 조합원들에게 알리는 것에 불과하고 조합원 개개인의 정치적 자유를 강제하는 것이 아니라고 설명한다. 그러나 중앙선관위는 '교사들은 공무원으로서 정치활동 및 선거운동을 할 수 없다'며 선거법 위반이라고 결정을 했다.

15. 전교조 교사들의 여학생 성추행 사건들

2004년 4월 19일 밤, 전남의 한 전교조 소속 고등학교 교사는 자신이 담임을 맡고 있는 학급의 제자인 여학생(2학년) 1명을 자기 아파트로 불러 술을 먹이고 성추행하다 담배까지 피우도록 했다. 이 교사는 아파트 거실에서 이 여학생과 1시간 이상 얘기를 나누다가 학생이 집에 가겠다고 하자 돌려보냈다 한다. 이 사실을 알게 된 학교 학생들이 목포교육청으로 몰려가 담임교사를 바꿔달라며 시위를 벌이는 과정에서 외부에 알려졌고, 파문이 커지자 전남도교육청은 사건 발생 2주일이 지난 5월 3일경 이 교사를 징계위원회에 회부시켜 '정직 3개월'의 징계를 했다.

2003년 4월 충남 예산 보성초등학교에서 당시 교장이었던 故서승목 교장에게는 "여교사에게 차(茶) 심부름을 강요했다"고 주장하면서 서 교장에게 조직적이고도 강력한 항의를 했던 데 반해, 전교조 식구가 벌인 이 성추행 사건에 대해서는 일체 함구하고 있는 대조적인 모습을 보였다.

한편, 2004년 5월 18일, 경기 고양시 전교조 모 지회 사무국장이었던 한 초등학교 교사(34세)가 성추행 혐의(성폭력범죄의 처벌 및 피해자 보호 등에 관한 법률위반)로 구속되었다. 자신이 담임을 맡고 있는 초등학교 학급 여학생들을 3월3일부터 이달 9일까지 A초등교 교실에서 여학생 10여 명을 모두 12차례에 걸쳐 추행한 혐의다.

16. 인천외고 사태

'인천외고 사태'는 2003년 3월 이 모 교장이 부임한 뒤 당시 국제부장이었던 박 모 교사가 회의진행 방식에 반발해 4월부터 회의에 불참하기 시작한 것이 발단이 되었다. 학교는 박 교사에게 구두 경고를 거쳐 서면 경고장을 보내기 시작했고, 전교조 교사들은 직원회의 불참 등 집단행동으로 맞섰다. 이에 대해 학교는 이 교사를 비롯, 집단행동에 동참한 교사들에게 모두 90여장의 경고장을 보냈다. 이같은 갈등이 1년여간 계속돼오다 재단이 4월 24일 두 교사를 징계위원회에 회부, 파면이라는 조치를 취한다.

두 교사의 파면 철회를 위한 농성을 시작으로 시작된 이 인천외고 사태는 전교조 본부 차원의 지원까지 나서서 당초의 '파면 철회' 구호에서 "민주적 학사운영, 학교장 퇴진, 사립학교법 개정" 등을 요구하며 사안을 확대시킨다.

학생들이 파면철회를 요구한다며 '혈서'까지 쓰는가 하면 파면철회를 위한 인터넷 카페 운영도 하면서, 전교조와 조직적으로 투쟁을 전개하는 '동지적 투쟁'이라는 점에서 많은 우려를 샀다. 사태가 악화되자 동교는 한시적 휴업에 들어가기도 했으며 일부 학생들은 타교로 전학을 가는 등 학생들의 수업권 침해가 막심한 지경에 이른다. 이로 인해 학생들의 학습권을 크게 침해했다는 것을 주된 이유로 265명의 학부모가 20명의 전교조 교사들에게 5억원대의 손해배상청구를 한다. 또, 학교 측으로

부터 업무 방해죄 등으로 고발된 전교조 교사들이 구속되기에 이른다.

17. 전국교육주체 결의대회 - "학생 동지" 사건
2004년 5월 23(일), 서울 장충체육관에서 표준수업시수 법제화, 사립학교법 개정, 학교자치, 교장선출보직제 쟁취를 위한 개혁입법을 쟁점화하고, 대정부.대국회 투쟁을 결의하고 입시제도 개혁 및 공교육 개편운동을 본격화하고, 하반기 총력투쟁의 토대를 확보하기 위해 전교조와 '범국민교육연대'가 공동 주최한 집회였음. 학교학원화정책 저지, 수능 폐지, 국공립대학 평준화(대학평준화)의 구호를 외친 이 집회는 인터넷 생중계로도 그 실황을 볼 수 있게 하였는데, 행사 중 사회자가 학생을 일러 "학생 동지"라는 용어를 사용함으로 해서 전교조가 학생을 '동지'로 인식하고 있음을 국민들에게 알려 준 계기가 된 행사이다.

18. 故 김선일 씨 관련 '반전평화 계기수업'
전교조는 故 김선일 씨 피살사건과 관련하여 '반전평화 계기 교육 자료집'을 제작, 이를 전교조 홈페이지에서 다운로드 받을 수 있게 해놓고 2004년 6월 28일부터 7월 3일까지 일주일간 고 김선일 씨 추모 '반전평화 수업'을 일선 초·중·고교에서 실시한다고 하였다.

동 교육 자료집에 대해 교육부는 교육 타당성, 적합성에 대해 한국교육과정평가원에 의뢰하였던 바, 동 평가원에서는 전교조의 수업자료에 대해 "이라크 파병 반대와 반미의 관점에서 구성되어 있고, 이성보다는 감성에 호소하는 경향이 강해 수업자료로 부적합하다"는 평가를 내렸다.

19. 기타 '투쟁'들
그 외에 전교조는 외국교육기관 특별법 저지와 노동탄압 분쇄를 위한 결의대회, 사립학교법 개정 촉구 결의대회, 음미체 평가 내신제외 저지, 교육과정 전면개편 투쟁 전국교사대회, 정보인권의 수호를 위한 촛불집회, 표준수업시수 법제화 투쟁 등 교육 및 사회 전반 이슈 문제들에 대한 집회, 투쟁을 전개한 바 있다.

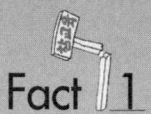

제1장
교단의 '터미네이터'

인천외고 전교조 파면철회 투쟁의 현장!
학교 안 현관에는 선생님들의 단식투쟁 침소가,
학교 정문 옆에는 선생님들의 철야농성 천막이…
전교조의 투쟁은 학생들의 학습권보다 우선하는가?

인천외고 중앙 2층 현관의 '파면철회'를 요구하는 파면된 교사 2인의 '단식농성' 침소.

인천외고 정문 옆에 설치한 '철야농성' 천막. 민주노총이 걸어 놓은 노란 현수막도 보인다. 학생들은 전교조 '투쟁'의 볼모인가?

● 더 높이 오르고 싶다지만
[편저자 김동렬]

　요즘, 학교가 선생님들의 '싸움터'가 되고 있다는 소식을 자주 접한다.
　1999년 전교조 합법화 이래 조합원 8만 명 이상으로, 막강해진 조직의 힘을 가진 전교조 소속 교사들과, 교장, 교감 그리고 비전교조 교사 간의 갈등이 그것이다. 이는 '교단 분열'이라는 전대미문의 신조어를 이 땅에 탄생시켰으며 이 현상은 날이 갈수록 더 심화되고 있어 이제 일반 국민들까지도 이를 걱정하지 않으면 안될 판이 되어 있다. 학교에서 선생님들이 싸우느라고 정신없는데 우리 자식들 교육에 제대로 신경이나 쓰겠는가 하는 것이다.
　학교가 이렇게 된 데에는 전교조가 스스로 '교육노동자'로 칭하고 '교장'을 일방적으로 '사용자'로 규정한 데에서부터 문제가 시작된다고 본다. 그 근거 중의 하나인 '전교조 분회장의 역할'이라는 전교조 문건의 내용을 살펴보자.
　동 문건에서 전교조는 교장을 상대하기를 '기본적인 노-사 관계의 구도 하에서 시시비비를 가릴 줄 아는 자세가 필요하다'고 하고 있다. 조합원(특히 분회장 등 활동가들)은 학교 내에서 견제와 비판의 역할을 해야 할 것임을 강조하고 이를 될 수 있는 한 교사들이 다 모여 있는 조회

석상 등에서 공개적, 공식적으로 깨뜨려 민주적인 노사 관계가 확립되도록 해야 하는 것을 기본 행동 강령으로 삼고 있다.

간단히 요약하면 이는 학교를 노사 대립 구도의 투쟁의 장으로 보고 교장, 교감 등 '사' 측의 부정, 비리 등 문제가 발견될 경우 전교조 조합원들은 이를 공개적으로 폭로하는 것을 기본 행동 수칙으로 삼고 있다. 교장의 인격적, 권위적 측면은 배려할 필요 없이 교사 모두가 보는 앞에서 폭로함을 '민주적인 노사 관계' 의 확립을 위한 수단으로 보고 있는 것이다.

이렇게 전교조가 '노동자' 입장에서 교장, 교감을 '사' 로 만들어 상대하다 보니 모든 학내 문제가 '투쟁거리' 로 되어 버리는 것은 당연한 일이 아닐까. 교장과 전교조 교사간 인간관계의 악화, 긴장과 불신의 심화로 이어져 상호 비난과 감시를 하게 되니 이것이 학교의 교육공동체적 기반이 무너지고 있는 주 원인이 아니라 할 수 없다.

전교조가 이렇게 교장을 대하는 이유의 표면상 목표는 '평등한 교단의 구축' 이다. 지금의 학교는 교장의 비민주적이며 독선, 독재적인 운영으로 인해 '학교 민주화' 가 안되고 이것이 교육 발전의 '장애물' 이라는 것이다. 그 '학교 민주화' 를 위해서인지, 전교조는 교장, 교감 등 관리자들의 부정, 비리를 캐내는 데에 힘을 쏟는다. 한편, 전교조의 표현대로 한다면 '제왕처럼 군림하고 있는' 교장을 교사들이 '민주적' 직접 투표로 임기제 교장을 선출하는 '교장선출보직제' (약칭 '교선보')로 바꾸자며 이 주장을 관철하기 위한 투쟁을 하고 있기도 하다.

그런데, 외견상으로는 문제가 없어 보이는 '학교 민주화' 나 '평등한 교단의 구축' 이라는 전교조의 이러한 주장과 행동에 대해 비판의 소리가 끊이지 않고 있는 것은 왜일까?

그것은, 그 주장들이 학교 문제의 핵심이 아니라는 데에 있다. 즉, 교육수요자인 학부모, 학생들의 입장에서 본다면 지금 우리 교육에서 가장 문제가 되고 있는 것은 학교 선생님들이 학생들을 학원보다도 잘 못 가르친다는 '공교육 불신' 현상이라는 점이다. 이를 교사들이 모를리 없을 터, 스스로의 교육에 대한 능력, 정성 부족이라는 책임을 통감해야 할 것이다.

최우선 선결 과제로 교사 스스로 자기계발, 자기개혁을 해 나가려는 노력을 해야 한다는 것이다. 그러나 불행히도 그런 노력은 눈에 띠질 않는다. 이에 반해, 교사들이 교단의 권력을 장악하여 '교단의 터미네이터'가 되어 학교에서 무소불위의 힘을 휘두르며 노동조합인 전교조가 하고 싶은 대로 하겠다는 노력의 흔적은 도처에서 발견되는 형편이다.

욕심.

누구나 사회 생활을 하면서 자신의 신분 상승을 바라지 않는 사람은 없고, 누구든 편하고 풍족한 삶을 원한다. 전교조 조합원들도 교사인 이상, 학교의 '별'이라고 불리우는 교장까지 해보고 싶은 것도 당연할 것이다. 그러나 교장은 전교조가 주장하는 교선보 식으로 아무나 뽑아서 그 자리에 앉혀 준다 해서 할 수 있는 것이 아닐 것이다. 교장이란 직책 자체가 능력, 학식, 경륜, 리더쉽이 종합적으로 요구되는 고난도의 직책이기 때문이다. 교사들을 지도하고 지원하는 책임 외에도 학교 경영의 목표 달성을 위하여 구성원과의 신뢰를 형성하고, 동기를 부여함으로써, 자발적인 협조와 적극적인 참여를 이끌어 내야 하는 자리가 아닌가.

새도 더 높이 오르고 싶다지만 그러려면 날개도 충분히 키워야 하고 나는 방법을 제대로 익혀야 하는 것이다. 날갯짓도 못하면서 그냥 높이만 날고 싶어 한다고 어린 새를 높은 나무 둥지에서, 나가서 날아 봐라

하고 허공에 던져본들 잠시 허우적대다가 추락사하는 참변 밖에 더 있겠는가.

 지금 '교육 문제'는 우리나라 온 국민들의 초미의 관심사, 걱정거리로 되어 있다. 이미 전교조는 그 중심에 서 있기에 스스로 좋던 싫던 그만큼 국민들의 시선 집중을 받고 있다는 것을 알아야 할 것이다.

■ 내가 보는 전교조

[청헌]

　전교조의 사업방향은 전체적으로 교육권력을 자신들에게 유리하게 재편성하는 데에 우선순위가 맞추어져 있다고 느낀다.

　이를 위하여 교육제도를 바꾸는 것인데, 가령 교장 선출 제도를 교사들이 중심이 된 투표를 통하여 임기가 한정된 보직으로서 선출하자는 것이라든지 하는 것이 그 예이다.

　교육감 교육위원 등의 선거에 후보를 낸다든지 지지한다든지 하는 데서 알 수 있듯이 정책의 결정과 집행의 권한을 지닌 위치에 전교조측 사람을 보내는 것은 빼놓을 수 없다. 학교운영위원도 그 한 가지이다. 때로는 지방의회에도 출마하는 것 같다.

　독자적으로 친 전교조 성향의 학부모 단체를 결성하고, 지역의 영향력 있는 시민 사회단체에 그 소속 조합원들을 보내어 특히 교육사업 분야의 책임자가 되게 하는 경우도 없지 않을 것이다. 전교조가 그 조직의 이름으로 또다른 상부 내지 연합 등 단체의 구성원이 되어 그 단체의 결정에 종속되어 들어가는 경우도 있다.

확실히 이러한 사업들은 전교조의 영향력 확대에 기여한다. 그러한 일을 하는 것을 어떻게 평가해야 할까? 그것은 좋은 일인가 아닌가?

나는 이것을 좋게 볼 수가 없다고 생각한다. 우선, 전교조 소속 교사들이 그 본연의 장소인 학교에서 학생들을 지도하는 데에 집중하기에는 그 다루는 영역과 관여하는 일이 너무 방만하다는 것을 지적할 수 있을 것이다. 학생들 한 명 한 명을 보물 다루듯 섬세하게 지도한다는 생각을 찾아보기 어렵다는 것은 누구나 느낄 수 있을 것이다.

사업의 목표가 전교조의 영향력 확대로서 그 궁극은 결정권, 즉 정치적 권력의 확보에 있게 되는 것은 더욱 근본적인 문제이다. 세력을 추구하므로 인의와 예의와 지혜와 미쁨이라는 덕성의 도야, 즉 학생의 내면적 가치의 발현을 조력하는 것과는 무관하게, 사회적 영향력과 힘을 기준으로 한 조직의 이익이 우선하게 되는 것이다.

조용하고 안정된 교육환경을 보호하여야 할 필요는, 아이들 키우고 가르치는 사람들에게서라면 무엇보다도 클 것인데도, 전교조는 시끄러움과 충돌을 피하지 않을 뿐만 아니라, 그 스스로 법과 권한에 맞부딪치면서, 투쟁의 목소리를 높여 왔다. 무엇을 목표로 하는지 알 수 있는 대목이 아닐 수 없다.

외적으로는, 가령 불법적인 파업이나 정당성 없는 주장을 펴는 다른 노조에 대하여, 전교조가 지지를 표명하는 경우를 비롯하여 수십 개의 단체들의 연대서명을 배경으로 삼아 자신의 정당성을 과시하고, 공동성명이나 기자회견 등을 통하여 지지와 연대를 표명하기도 한다. 그들끼리 함께 뭉쳐 세력과 영향력을 확대 유지하는 데에 공동의 이익을 지니고 있기 때문인 바가 있다. 아닌 것을 아니라고 말하기에는 자기들 어려울 때에 힘을 보태어 준 은공이 크고, 또 나중에 어려움에 처할 경우를 대비하여 미리 보험을 넣는 것이기도 하다. 이러한 점이 없다고 할 수 있을까? 여기서 교육의 가치가 공의와 진리를 떠나 이해관계의 한 쪽, 그 중에서 자기들에게 가까운 쪽을 거들기 위하여 넘겨지는 것을 볼 수 있다.

이러한 상황이고 보니, 전교조의 사업이 겉으로 돌고 권력화했다는 말들은 설득력이 있는 것이다. 교육계 내에 퍼져 있는 비리를 적발하고 폭로하고 데모를 한다든지 하는 행위들도 영향력을 과시 유지하기 위하여 하는 것으로 느껴지는 점이 있다. 그런 것들은 보조적인 환경의 문제로서, 비록 아무리 의미가 있는 것이라 하더라도, 교육의 본질 자체일 수는 없는 것이다. 학교와 학생들에 집중하고, 겸허히 아이들을 돕기 위하여, 교사 본연의 자리에 전교조의 초점이 모아지기를 바란다.

■ 교장, 교감선생님과 전교조 – 전교조에게 주는 충고

[ohara]

"말이 씨 된다"는 속담이 있다. 뭐 여러 상황에서 써먹을 수 있는 말이지만, 사람의 감정이란 것이 처음엔 막연하고 흐릿하던 것도 말로 내뱉기 시작하면 점차 뚜렷해지고, 증폭되고, 스스로 믿게 되어, 결국에는 행동으로 옮기게 되기도 한다는 뜻으로 써 먹을 수도 있을 것이다. 이런 현상은 좋은 감정이라면 바람직 할 수도 있겠지만 문제는 나쁜 감정은 더 나빠진다는 데에 있다.

"우리 마누라 성질은 정말 더럽다. 같이 살기 싫다"는 말을 몇 번 입 밖으로 꺼내어 보라. 머지않아 마누라 보는 것이 정말 죽도록 싫어질 테니 말이다.

이 게시판에는 전교조 조합원들이 교장, 교감 선생님들을 소재로 올리는 글들이 있다. 그런데 그 글에는 이놈 저놈은 예사고 "칼만 안 든 강도", "도둑놈", "도적놈", "교육발전의 암적 존재", "이런 도둑놈들!", "찢어 죽일 놈들!", "똥을 먹고사는 XX교 신자 교장 놈!", "불태워 바다 속에 처넣어 버릴 놈들!" 등등 차마 입에 담기 힘든 말들이 예사로 들어있다. 심지어는 "교장박살"이라는 아이디도 있었다지 않은가?

같은 직장에 수십 년 몸을 담아 온 선배이며, 상사이자 동료이기도 한 사람을 마치 증오의 대상, 타도해야할 악, 불구대천의 "원쑤"인 듯 거침없는 욕을 내어 뱉는 저들의 극언은 때로는 보는 사람으로 하여금 소름 돋을 정도로 섬뜩하게 만든다. 물론 학교 운영에 있어서 교장, 교감의 전횡이 알려 진 것 보다 심하다고 들었고, 겪어 보지 않은 사람은 모르기도 하겠지만, 특정 개인을 목표로 한 것도 아닌 교장, 교감이란 지위를 가진 분들 전체에 대한 이러한 무차별적이고 극단적인 증오의 표출은 보는 사람으로서는 거부감부터 느껴진다. 아무리 익명의 게시판이라지만 교사임이 분명할 진데 그런 전혀 정화되지 않은 적의를 쌍말에 담아 노골적으로 드러낸다는 것이 과연 곱게 보아줄 수 있는 일인가?

일반인들이 알기로는 대체로 교장 선생님이라면 평생을 교육에 헌신해 온 분으로서 그 직함 하나 만으로도 존경의 대상이 된다. 아무리 별 볼 것 없는 집안이라고 하더라도 교장선생님 집 딸이라면 그 가정교육을 생각해서 별 이의 없이 "괜찮은 며느리 감"으로 인정되는 세상 아닌가? 그럼에도 불구하고 수많은 전교조 조합원들이 교장, 교감을 이렇게 집단적으로 비난하고 경멸하고 증오한다면 그것은 교육계에서 교장, 교감으로 인한 문제가 상상외로 심각하거나, 아니면 조합원들의 집단적인 증오가 이유 없는, 정당화 될 수 없는 더러운 음해이거나 둘 중의 하나일 것이다.

보는 사람들로서는 "선생님들이 오죽 당했으면 그럴까", "교단의 부정, 부패, 비민주적 운영실태가 심각하다더니 교장, 교감의 전횡이 이렇게 극심했던가?" 하다가도, "까짓 조그만 초중고등학교 책임자가 부정을 해 봐야 얼마나 하겠으며, 돈을 모아봐야 얼마나 모으겠으며, 다들 배운 사람들인데 직위를 이용해서 부당하게 억누른다고 한들 얼마나 부당한 행동을 할까?"하는 생각도 든다. 결국에는 "전교조 조합원들의 교장 교감을 향한 저 끝간 데를 모르는 증오는 과연 정당화 될 수 있는 것인가?" 하는 의문이 들지 않을 수 없다는 것이다.

조합원들이여! 당신들이 아무리 정당하고, 그 원한이 사무쳤으며, 교장, 교감이 "쳐죽일 놈들"이라도 지금 같은 쌍말, 막말로는 제 3자의 공감을 얻지 못한다. 오히려 극단적 증오로 똘똘 뭉쳐진 사람들이 과연 우리 아이들의 "인성교육"을 맡을 자격이 있을까 하는 의구심만 들게 할 뿐이다. 억울한 것이 있고, 참을 수 없는 일이 있고, 비난할 일이 있더라도 시정 잡배도 입에 올리기 힘든 육두문자를 남발하기보다는 냉철한 이성에 입각하여 차분하게 글을 써라. 공감되지 않는 혼자만의 증오를 폭포처럼 쏟아내어 봐야, 스스로의 인격만 의심받을 뿐이니, 수고롭더라도 차라리 "사악하고, 탐욕적이고, 비교육자적이고, 그야말로 공분을 사야할" 교장이나 교감이 있다면 예를 들어주는 것이 나을 것이다.

그러나 어떠한 경우에도 가급적 막말은 하지 말라. 막말을 하면 감정은 격해지고, 그 말은 다시 더욱 격해지며, 격한 말을 내 뱉은 다음에는 행동도 그리 따라 하지 않을 수 없어진다. 말이 행동을 이끄는 것이다. 즉 말이 씨 되는 것이다.

남을 꾸짖을 때는 허물 있는 중에서도 허물없음을 보고, 자신을 꾸짖을 때는 허물없는 중에서도 허물을 보면 마음이 평온해 지고 덕이 커진다는 말은 채근담에 나오는 말이다.

■ 무위도식하는 교장교감?

[진등]

교장교감은 놀고 먹는다는 데 대하여

 사람이 많다보면 이런저런 사람도 있으니라 싶어서, 그리고, 하도 가당찮은 말이라서 대꾸를 자제해 왔지만(사실은 너 교장놈이지 하고 덮어 씌울까봐서지만), 노조원 한 두 사람의 견해가 아닌 것 같고 노조원들의 사고의 저변에 깔려있다는 느낌이 들어서 한마디 하려한다.

 학교에서 가장 중요한 것이 "수업"이다. (라는 것은 아무도 모를 것이며 내가 처음으로 주장한 것이라고 여겨 왔다 - 노조식 표현임)
 그런데 전교조 노조원들은 이미 이 말을 알고 있었던 듯 싶다.
 곳곳에서 교장, 교감은 수업을 하지 않으므로 무위도식하는 쓸 데 없는 사람들이라는 소리를 하는 것을 보니까 그렇다는 것이다.
 노조원들이 "수업이 중요하다"라는 표현으로 쓰는 말의 대부분이 정말로 수업의 중요성을 이야기하기보다는 교장, 교감을 깔아뭉개고, 학교에서 별 볼일 없는 사람으로 만들어 그 위상을 추락시킴으로써 무엇인가 얻으려 한다는 것이다. 즉, 수업 안하는 사람은 무위도식하는 사람이라는 단순논리는 아닌 것이다. 그것은 교장, 교감을 비롯하여, 장학사, 행정실 직원, 급식소 직원 등 많이 있고, 특히 노조전임자들이 그렇기 때문이다. 각자의 맡은 역할이 있다는 것은 분명히 알고 있는 사람들이다. 그런데 굳이 교장, 교감을 까고 나오는 것은 숨은 의도가 있다고 볼 수 밖에 없다.

　이 사람들은 무엇인가를 얻어야겠다고 마음을 먹으면 꼭 무슨 희생양을 찾는 습성이 있다는 것은 저간의 사정으로 보면 다 알 수 있는 일이다. 미선, 효순이 그렇고, 김선일이 그렇고, 서 교장이 그렇고, 인천외고가 그렇고…….

　노력해서 자신의 뜻을 이룬다는 것이 얼마나 보람된 일인가? 그러한 노력자체를 탓할 마음은 없다.
　그런데, 목적달성을 위해 이용하는 수단들이 문제점이 너무 많다.
　대표적인 것 세 가지만 예를 들면

　1. 수단들이 너무나 저속하다
　2. 최초의 수단에 최후의 수단을 쓴다
　3. 그것을 아이들한테 가르친다

　물론 "힘없고 가엾은"[1] 집단이 세간의 이목을 집중시키려다 보면 무리수도 나올 수 있는 것 아니냐고 항변할 수 도 있겠지만 목적달성 이후에 벌어질 상황들을 너무나 가벼이 여긴다는 것이다.
　어느 하세월을 기다려 뜻이 이루어지기를 바라겠느냐고 항변하고 있지만, 그렇게 친다면 "교육" 자체를 부정해야 할 것이다. 지금 가르치는 것을 어느 하세월에 써 먹을 것인가를 생각하면 아예 대학교에 바로 가

---

1) 전교조 조합원의 글에서 전교조 스스로의 위상을 그런 식으로 표현한 바 있음

야 하는 것이고, 어느 하세월에 사람구실 할까 싶으면 아이도 20세 쯤의 청년으로 낳아야 할 것이다.

 초근목피로 연명하며 종자를 남겨 두는 농부와, 종자부터 다 까먹고 초근목피로 연명하는 농부의 차이점이 뭐겠나? 종자를 남겨 둔 농부는 다음 해에는 쌀 밥을 먹을 수 있지만, 다 까먹은 농부는 죽도록 초근목피해야 하는 것이다. 종자라도 먹어야 할 만큼 곯고 있는가?

 제 아비 욕하고 다닌 놈이 제가 아비 되어 훌륭한 일 한다고 훌륭한 아비냐?

■ 원칙을 지켜야

[청헌]

　교사들은 학교장의 정당한 지시에 복종할 의무가 있다.[2] 이것은 학교 관계의 기본이다. 이 관계를 부정하는 사람은 학교에 있어서는 안 된다. 학교장의 정당한 지시가 통하지 않는다면 학교가 무엇이 되겠는가? 그 것을 부정하는 사람은 다른 곳에서 다른 일을 찾는 것이 옳다.

　학교장의 정당한 지시에 따르지 않는 사람에게는 징계가 내려지게 만 들어서 학교를 정당한 지시가 통하는 곳으로 유지해야 한다. 신상필벌, 기강과 질서유지의 기본이다. 그렇게 하지 않는다면 중구난방이 되고 하극상이 되는 것을 방치하는 일이다. 민주주의를 하려면 엄정한 질서 가 서야 한다.

　기본을 무시하는 행동으로 하여금 마침내 통하게 만드는 것은 자기자 리에서 어려움을 감내하면서 본분을 다하고자 기꺼이 노력하는 많은 사 람들을 우습게 만드는 것이 될 것이다. 그들의 헌신은 사회와 국가가 유 지되는 원천이므로 결코 값싸게 대접해서는 안 된다. 고통을 감수하면 서도 원칙을 지켜야 할 이유가 여기에 있다. 온정주의로써는 당면한 난 국을 바로잡을 수 없을 것이다.

---

2) 인천의 모 외고의 경우 교무 회의 방식 등에 대한 불만으로 전교조 두 교사가 회의를 불참하는 등의 행동이 원인이 되어 경고 누적 및 파면에 이르게 되었음.

■ 전교조와 선거

[청헌]

　교육감과 교육위원 등의 선거에서 전교조가 나름의 후보를 내세우거나 지지하는 경우가 있는 것 같다. 일신의 불이익을 감수하면서 교육 민주화에 헌신한 공로가 있거나, 최소한 청렴하고 정직한 인격을 지닌 훌륭한 분들이리라 믿는다. 이 분들이 당선된다면 교육계의 문제들은 해결이 한걸음 가까워지리라고 기대하는 것은 전교조 사람들로서 당연할 것이다. 실제로 그 동안 전국 각지에서 전교조 출신 또는 전교조 지지의 후보들의 당선률이 상당히 높다는 것은 알려진 사실이다.

　그래도 경력과 인품을 아는 그 후보의 당선을 바라면서, 이를 위하여 음으로 양으로 성원하게 되는 것은 교육을 위한 순수한 마음의 발로인 측면이 없지 못할 것이다. 법에 어긋나지 않는 한도에서는 법적으로도 허용되는 선거권의 향유일 것이므로 문제 삼을 일은 없을 것이다.

　그러나 조직적 차원에서 선거운동이 결의되고 조직이 선거에 개입하는 일이 있다면, 상황은 상당히 달라지게 될 것 같다. 가령 선거 팀이 구성되고 선거 전략이 수립되고 조직적 계통을 따라 선거운동의 담당 구역이 정해진다면, 그렇게 담당을 맡은 해당 조합원이 할 일은 자기 구역 내의 선거인들에게 유무형으로 지지를 부탁하는 형태로 나타나게 될 것이다.

그 선거인은 선거꾼일 수도 있고, 지역의 유지일 수도 있으며, 교육적으로 모범이 되지 못하는 사람일 수도 있다. 학교의 운영에 부당하게 개입하려는 생각을 갖고 있을 수도 있다. 그런 사람들에게 명색이 교사 된 몸으로, 자기 조직의 이익을 위하여 몸을 굽혀 지지를 부탁하는 순간, 설령 그것이 아무리 법적으로 허용된, 의견 표현의 범위 내의 것이라 하더라도, 교육은 실종되고 교사로서의 자존심은 구겨지고 비열한 거래에 손을 담그는 지경에 빠지는 자신을 보게 된다. 이미 조직적 임무를 띠고서 하는 일인 이상, 의견표현의 범위에 머물렀다고 하기에는 내심의 의혹이 없을 수 없고, 설령 훌륭한 인격을 지닌 선거인의 경우라 하더라도, 그런 일은 교사로서 하기에는 아무래도 부적합하다.

조합원들이 느끼는 불안과 불편은 매우 클 것이며, 이렇게 한 번 고개 숙여 부탁을 올린 터인 선거인들의 눈살을 뿌리치고 학교운영과 관련하여 의연히 자기중심을 회복하는 데에는 그 스스로 상당한 애로를 겪어야 할 것이다. 몇 년마다 한 번씩 이러한 일들이 반복된다면, 교육과 학교와 교사가 독립성과 중립성을 확보하기가 매우 어려워지게 될 것이다. 그러므로 어떤 경우에도, 조합원으로 하여금 선거운동에 나서게 하여서는 안 된다고 본다.

나는 전교조가 훌륭한 인물들을 교육행정의 책임자의 지위에 나아갈 수 있게 배려하는 것에 대하여, 찬성할지언정, 반대가 없다. 행여 위와 같은 부작용을 제대로 인식하지 못한 나머지, 이를 무릅쓰는 일이 없기를 바랄 뿐이다.

■ 실년(實年)

[뿌리]

 아주 오래 전 고령화 사회로 치닫던 일본에서 인구의 고령화가 사회 문제로 대두되기 시작하자 일본의 어느 기관에서 주관하여 연령에 관한 용어를 공모 한 적이 있습니다.

 흔히 연령에 대한 용어는 유년(幼年), 소년(少年), 청년(靑年), 장년(壯年), 중년(中年), 노년(老年)으로 분리되는데, 이 것은 평균 수명이 짧았던 농경 사회에서의 정의를 그대로 오늘날 까지 사용하는 영향일 것입니다.

 중년에서 노년으로 바로 넘어가 인생의 황혼기를 맞이하던 이전 사회에 비해, 고령화 인구가 점차 증가하고 과거의 노년 인구가 현대 사회에서는 한창 일할 나이가 되어감에 따라 중년이라고 부르기에도 뭐하고 그렇다고 노년으로 부르기도 뭐한 연령에 관한 적절한 용어가 없기는 한국이나 일본도 매 한가지였는데, 보통 40대를 중년이라고 한다면 현직에 복무 중인 50대와 60대를 노년으로 부르기에는 뭔가 적절하지가 않았습니다.

이에 착안한 일본의 어느 기관이 분명 존재할 중년과 노년 사이의 연령 대에 속하는 사람들을 부를 용어를 공모한 결과 당선된 용어가 '실년(實年)'이었습니다. 열매 실자를 사용한 실년이란 용어가 상당히 적절했다는 당시의 평가였었고, 지금 생각해도 아주 수긍이 가는 용어입니다.

실년의 나이는 인생의 중년을 지나 경험과 경륜이 충만한 나이로서 노년으로 접어들기 전 인생의 마지막 열정과 지혜를 자신의 업무와 후배들을 위해 마음껏 펼칠 나이일 것입니다. 젊은이의 패기도 필요하지만 실년의 나이에 접어든 중후한 분들의 소중한 경륜과 지혜가 오히려 더 필요한 세상입니다.

일부 전교조 선생님께서 교감, 교장단을 적대시하는 정도가 아니라 타도 해야할 대상으로 여기고 있다고 합니다.

교감, 교장 선생님 대부분이 중년의 나이를 넘긴 이 실년의 연령 대 일 것입니다. 단순히 나이 든 것이 큰 벼슬은 아니지만 그 분들은 살아 온 나날만큼 인생의 무게는 분명 지니고 계십니다.

나이 드신 교감, 교장 선생님들이 지니고 계신 젊은이에게 부족한 경륜과 지혜를 존중해 주는 풍토가 조성되면 그만큼 우리의 삶과 교육 내용도 풍부해 질 것 같습니다.

실년의 나이로 경륜과 지혜를 마음껏 펼칠 분들을 외면하는 요즘의 세태가 안타까울 뿐입니다.

■ 무슨 근거에서냐고

[청헌]

 전교조의 싸움을 보노라면 싸움을 위해서, 이기기 위해서 싸운다는 느낌이 든다. 어떤 목표를 정해놓고 거기에 맞추어 싸움을 기획하고 이끌어가는 것인데, 마치 작전계획에 의하듯 하는 것이다. 엄밀히 말하면 전쟁이다. 학생을 안중에 두지 않는 것이 당연할 뿐만 아니라, 오히려 학생들의 가세가 암암리에 예정되어 있는 것 같다. 왜냐하면 학생들을 전제하지 않았다면 학생들이 개입할 움직임이 보일 때에 뒤늦게라도 이를 제지하려는 움직임이 나타났을 법도 하기 때문이다.
 결국 학생들의 희생은 전제되어 있는 것이다. 학생들의 개입만이 아니라, 자기들에게 동조하거나 동조하리라고 기대되는 사람들의 개입을 예정하고 있는 것으로 보인다. 선봉대로 파견된 사람들인 것처럼 왜 당신들은 가만히 있느냐고, 당연히 나서서 개입해 주어야 하지 않느냐고, 오늘일까 내일일까 기다리는 것 같다. 나는 반대하며 우려한다.

 세상을 계급과 세력으로 나누고 대립을 전제하면서 투쟁과 적대를 불가피하게 여기는 사조에 대하여 개탄스럽게 생각한다. 나는 변변치 못한 주제임에도 참으로 우연하게 사립학교에서 발생한 지독히도 잘못된 비리와 교권침해 행위의 실상을 경험하였고 정말로 교육을 위해서는 그런 잘못된 사람들을 학교경영에서 배제할 수 있도록 법이 개정되어야 한다고 생각해 온 사람이다.

 수 년 전 한 번쯤은 지나는 길에 만난 지역 전교조지회 사람들의 사립학교법 개정을 위한 시위에 참석한 바도 있다. 그러나 지난 몇 해 동안 전교조가 벌이는 투쟁의 양상을 바라보면서 사립학교법 개정을 비롯한 여러 가지 사안들에 대하여 생각을 돌리게 되었다. 개정이 되더라도 전교조가 주장하는 식으로 되어서는 안 되겠다고 생각하고 있는데, 전교조의 주장대로 하였다가는 그들의 독선적 사고방식과 행동양식으로 교육이 제대로 이루어지지 못하겠구나 싶기 때문이다. 무슨 근거에서냐고 묻는다면 이들이 학생들을 대하고 있는 행태로 보아 그렇다고 말하고 싶다.

■ 마귀벌 정벌기 제 3편 - 전마조(全魔祖)의 위용

[정문]

각지에서 모여든 낭인(浪人)의 무리는 당연히 공력(功力)도 뛰어났다.

원자대마제(原子大魔帝)[3]의 인면수심난장기(人面獸心亂場技)와 수석문주 자해오[4]의 절세필살황당설기(絶世必殺荒唐說技)를 비롯한 각자가 가진 각종의 무공은 보는 이로 하여금 두려움의 대상이었다.

장문(掌門)[5]을 세운 전마조(全魔祖)는 체계적이고 조직적으로 인면수심난장기(人面獸心亂場技)가 전수 되었고, 낭인의 재물창고를 채워주기 위하여 단체협약[6]창고(團體協約倉庫)를 털어서 금은보화(金銀寶貨)를 나누어 주었다.

사정이 이러하니 각지에서 모여든 낭인은 충성을 맹세하고 각자가 가진 공력을 공유하여 힘을 키워 나갔다.

각자의 무공에서 돋보이는 무공들을 살펴보면

배터지게 밥을 먹고 공중으로 날아오른 후 똥을 싸서 뿌려대는 비상분

---

3) 전교조 원영만 위원장의 姓을 딴 것?
4) 전교조 장혜옥 수석부위원장을 의미?
5) 무술의 핵심을 선대에게 인정받아 후대에 전하는 사람을 칭함.
6) 노동조합과 사용자 또는 그 단체 사이의 협정으로 체결되는 자치적 노동법규

투공(飛上糞投功),

　무공이 뛰어난 상대편의 약점을 수백 명이 관찰하다 약점을 잡아서 수백 명이 한 사람의 약점만 물고 늘어지는 교각살우공(矯角殺牛功), 상대방의 자그마한 잘못이라도 보이면 떼거지로 물고 늘어져 무림계에서 추방을 시키는 침소봉대공(針小棒大功), 지들끼리 있으면 누구이든 아무 곳이든 위아래를 몰라보고 무조건 초식을 펼쳐 날뛰는 기고만장공(氣高萬丈功), 거짓을 진실인 양 호도하여 왜곡하고 건방지게 날뛰는 사가지충천공(詐假之沖天功), 배움에 들어서 있는 학동들을 거짓으로 선동하여 무리짓게 만들어 패륜을 저지르게 하는 패륜학동선동공(悖倫學童煽動功), 어떤 정의와 진실의 말도 우기고 생떼 써서 진실인 양 밀어붙이는 교언영색공(巧言令色功), 아는 것은 쥐뿔도 없으면서 세상의 모든 것을 아는 양 떠드는 천하무식공(天下無識功), 등등등 이루 셀 수 없는 각자의 알려지지 않은 무공으로 그들의 뜻을 펴고자 준동을 하니 장차 몰려올 환란(患亂)의 그림자는 짙어만 가고 있었다.

　오로지 의인(義人)[7]들은 열악한 환경과 화력의 열세에도 불구하고 세상을 구하려는 구세신방(救世神方)과 악의 무리를 걷어내려는 거세신공(去勢神功)으로 외로운 싸움을 시작하였다.

---

7) 전교조를 비판하는 학부모 등을 말하는 듯.

■ 교장선출보직제를 주장하는 조합원에게
[ohara]

톰 크루즈가 나오는 제리 맥과이어라는 영화를 보면 곤경에 처한 주인공이 대책을 생각하느라 방안을 왔다 갔다 하며 하는 독백이 있다.

"문제가 생기면 멍청한 놈은 해결책부터 들고 나오지만 똑똑한 놈은 분석부터 먼저 한다"는 내용의 독백이다. 뭐든지 문제만 생기면 자신의 방법이 만병통치약인 듯 악을 쓰는 무리들이 바로 이런 멍청이과에 속한다. 이들은 문제가 무엇인지도 정확히 모르며, 문제의 심각성이나, 그로 인한 피해는 물론 원인조차도 진지하게 생각하거나 분석해 본 적이 없다. 따라서 제대로 된 해결책을 제시할 능력이 없다. 다만 문제의 폐단이 만연된 이런 상황을 자신들의 이득을 챙길 절호의 기회로 삼아, 속마음은 교묘히 숨긴 채 명분과 도덕을 내세워 목소리만 높일 뿐이다.

이제 세월이 흐르다 보니 지난 1년 반 여 동안 전교조가 저지른 온갖 교육적 만행은 어느덧 잊혀졌다고 생각하는지, 이 게시판에 조합원인 듯한 인사들이 더러 보인다. 아직도 전교조에 남아 있는 이들은 자신들의 집단이 저지른 온갖 엄청난 잘못에 대한 사과는커녕 반성조차 하지 않는 후안무치한 작자들이요, 따라서 교육자로서의 자격은 눈꼽만큼도 없는 작자들이다.

이런 인간들이 교원인사제도의 문제점과 교장, 교감의 문제, 사학비리나 각종 학내 부정, 부패, 비리를 문제삼아 내 놓은 해결책이 교장선출보직제다.

즉 문제가 생기자 바로 해결책이라고 들고 나온 멍청이들인 것이다. 교장이 임명제이기 때문에 이런 문제가 생긴 것이 아니며, 임명제도와 학내의 각종 문제는 직접적인 관계가 없다. 친목회장도 아니고, 동문회장도 아니며, 통반장도 아닌 교장을 선거로 뽑자는 것이 어느 정신 나간 친구들의 머리에서 나온 말인가? 교장이 대통령이나 국회의원, 지방자치단체장처럼 구성원을 위하여 봉사하는 자리인 줄 아는가?

  교장은 교사, 학생, 직원을 위하여 봉사하는 자리가 아니라 국가의 위임을 받아 국가의 교육정책을 실행에 옮기는 관리자이다. 구성원을 위해서 봉사하는 자리가 아니라는 것이다.

교장선출보직제 주장으로 전교조가 노리는 것은 애초부터 무능력하거나, 허구헌 날을 투쟁으로 보낸 탓에 교장, 교감의 자리는 이미 물 건너가 버린 교사 아닌 골수 노동조합원들에게 달콤한 "감투"를 씌워 줄 기회를 주겠다는 속셈 이상은 아무 것도 아니다.

  무능력, 무자격은 물론 이념, 사상에 찌든 조합원들을 선거를 통해 교장으로 만들겠다는 것은 개인의 영달과 조직의 이익을 나라의 교육보다도 더 중요하게 여기는 전교조란 단체의 야비함을 그대로 보여 주는 것이라고 하겠다.

참고로 글쓴이는 교장, 교감이 아님은 물론 교사도 아닌 순수 학부모임을 분명히 밝혀둔다.

● 사람까지 잡을 일 있습니까?
[편저자 김동렬]

2003년 4월 4일.
충남 예산 보성초등학교의 전 서승목 교장님이 나무에 목을 매어 자살한 불행한 사건이 벌어졌다. (이 자리를 빌어 고인이 되신 교장선생님께 심심한 애도의 뜻을 표합니다.)

이 사건은 그간 전교조가 교장을 학교의 '사용자'로 규정하고 교장선출보직제, '학교 민주화' 등을 주장하는 가운데, 전교조가 개입하여 소중한 인명이 희생된 충격적인 일이었다. 그간 교사와 교장간의 문제라면 팔 걷어 부치고 나선 전교조가 이 사건으로 그 이미지가 심하게 손상된 계기가 되었다.

자신의 '억울함'을 인터넷 상에 올린 한 기간제 여교사의 교권을 위해 싸운다는 명분이었다. 전교조가 당해 기간제 여교사의 일방적인 주장만을 믿고, 적극 이 일에 나서다 끝내 불행한 사건이 터진 것이다.

기간제 여교사에게 차(茶)시중을 강요했다는 이유로 전교조는 집요하게 서 교장에게 서면 사과를 요구했지만 서 교장은 자살이라는 방법으로 그 답을 보냈다.

　집단이 조직적으로 한 개인에게 인간의 양심의 자유까지 압박하며 '서면 사과'를 강요하는 행위는 공갈 협박의 수준인 것이다. 그것도 학교에서의 선배이자 어른인 교장선생님에게 그랬다. 이것은 전교조가 더 이상 교장선생님에 대해 '약자'가 아니고, '공격자'로까지 그 위상이 변화되었다는 사실을 만천하에 드러낸 것이다.

　아울러 전교조는 이 사건의 당사자인 데도 줄곧 침묵을 지키다 사건 발생 사흘 뒤인 4월 7일에야 성명을 내고 "고인의 불행한 죽음을 애도한다"고 했다. 전교조는 고인의 죽음이 "교육 현장에 만연된 잘못된 관행과 그로 인한 대립의 결과"라며, '비리 투성이'인 교육현장의 중심에 있는 학교장과 그의 잘못을 고치려는 전교조와의 마찰과정에서 발생한 결과로 치부하는 듯한 인상을 주었다. 일부 보수 언론에 화살을 돌리면서 끝내 전교조 자신들의 잘못은 없다며 반성이나 사과는 일체 하지 않았다.

　최소한의 도덕적 책임도 지지 않았다. 이쯤되니 전교조는 그들이 깊이 개입한 사건에서 사람이 죽는일이 생겨도 눈 하나 깜짝하지 않는 '패륜 패악의 집단'이라는 비난을 국민들로부터 받기 시작한 계기가 되고 말았다.

　2004년 4월에는 인천의 모 외국어 고등학교에서 두 명의 전교조 조합원 교사가 파면당한다. 학교 규정을 위반했다는 이유로 여러차례의 경고장을 보낸 후에도 그 교사들이 변화하는 모습을 보이지 않은 데 대한 학교 측의 마지막 선택이었다.
　그러자, 당해 파면된 당사자들은 물론, 타 조합원들도 동조 농성을 벌인다. 전교조 위원장까지 직접 나서 학생들 앞에서 "끝까지 선생님들과 함께 힘차게 투쟁하기를 바란다"며 선동한다. 아울러 최초의 '파면 철회' 구호로부터 시작하여 '학교 민주화'로 그 주장을 확대시킨다. 전교조가 최종적으로 내민 카드는 "사립학교법 개정." 노동조합 전교조가 사학 재단에 대해 통제력을 갖겠다는 법안이다. 이 학교의 경우, 결국 휴업이라는 비상조치까지 내려야 할 정도로 학생들의 수업권이 심하게 침해당하고 상당수의 학생들은 전학을 갈 수 밖에 없었다. 결국 두 전교조 교사의 파면 조치는 전교조의 강경 대응으로 인해 죄없는 학생들만 '잡은' 꼴이 되어 버리고 말았다.

과유불급(過猶不及)
지나친 것은 미치지 못한 것과 같다는 뜻이다.

'학교 민주화'나 '평등한 교단의 구축'이 중요하다 하더라도 자신들의 목적 달성을 위해서 집단 행동으로 나서서 보성초등학교 서 교장 사건에서처럼 사람까지 잡을 일 있느가 사람 사는 곳에는 어디에나 갈등과 분쟁이 있을 수 있다. 그러나 대화가 아닌 집단의 물리력을 앞세워 일을 해결하고자 하는 행위는 그 의도를 의심 받기 마련이다. 그 최초 목적이 아무리 건전하다 하더라도 그 과정상 학생들의 수업권을 크게 침해하는 등의 더 큰 문제를 야기한다면 그 어떤 행위도 좋게 평가될 수 없다.

더우기, 교사는 국민들 앞에 존경받아야 마땅한 '스승님'들이다. 자신들의 잘못에는 눈 감으며 타인에게 잘못을 전가하거나 탓하려고만 한다면 이는 모든 스승님들을 존경의 대상이 아니라 경멸과 조롱거리로 전락시키는 것.

이 역시 또 한번 사람을 '잡는' 꼴이 되는 것이다.

■ 대단한 전교조는 그녀의 젖통가리개였다
[봄바람]

인간으로 태어나 그것도 여자 나이 27살에
대한민국 대통령들도 찍소리 못하는 십만 대군의 전교조를
컴퓨터 자판기 한 문장으로 움직였으니[8]

그 문장은 노벨 문학상감이요
그 정치적 능력은 차기 대통령감이다.

그녀의 능력을 기쁨으로 받들어 모신
전교조의 탁월한 선견지명을 영원히 자손만대 기리면서
전교조 만세 만만세 십만 대군의 전교조 만세
대단한 전교조는 그녀의 젖통가리개였다.

장희빈도, 측천무후도, 클레오파트라도 이처럼 신묘한 능력은 없었다.
한고조 유방(劉邦)을 도와서 천하를 평정한 한신(韓信)이 젊어서 시중

---

[8] 예산 보성 초등학교 서 교장 사건은 한 기간제 여교사의 인터넷 투서가 발단이 된 것을 뜻함.

의 양아치들의 가랑이 밑을 기어가는 인내와 하심을 보인 것은 대장군다운 면모였다.

그러나 천하를 통일한 이후 권력이라는 과욕을 부리다가 궁녀의 가랑이 속에서 대장부의 이름을 버리고 졸장부로 그 목이 참수되었다.

한신(韓信) 이후 2천 년이 지난 오늘 전교조의 탄생과 역사가 한신의 운명처럼 이제 임시 고용된 젊은 여자의 입술 끝에서 그 운명을 맞이하니 역사의 코미디다.

해체 전교조
전교조 없는 참 맑은 세상을 위하여…….

■ 교장이 죽을 수[9] 밖에 없는 이유
[봄바람]

전교조 관계자들이 한결같이 잊은 게 있다.

분쟁 당사자들의 적법성 여부를 떠나 교육부 즉 교육청 즉 법이 정하는 절차와 규칙의 안에서 적법한 요구를 했어야 했다.

그러나 노조 단체인 전교조가 법의 권한을 행사했다는 그 자체는 어떠한 명분으로도 책임을 피하지 못한다.

만일 교장에게 잘못이 있다면 그것을 지적하고 문책하는 권한이 교육청 즉 임용권자인 교육부에 있는 것이지 전교조에게 그 권한이 있는 것이 아니다.

다시 말해 전교조가 상대할 대상은 처음부터 교육청이어야 했다.

그런데 감히 일개 하위직들이 그것도 후배들이 떼로 몰려와서 항의하

---

9) 2003년 4월 4일, 충남 예산 보성초등학교의 서 승목 전 교장이 스스로 목숨을 끊은 사건.

는 그 자체도 진실여부를 떠나 민망할 일인데 서면 사과를 요구했다는 것은 참아내기 어려운 치욕이며 수모일 뿐이다.

비유를 든다면 교장에 관한 전교조의 행위는 하극상 즉 전두환의 반란과 어떠한 차이도 없는 사건이다.

더구나 그것이 윤봉길 의사와 김정희 선생님을 자랑으로 여기며 교육하는 충효와 예절의 지역사회에서 후배 교사들에 의한 자필서명 사과문의 요구 행위는 자신이 살아온 인생의 모든 것을 송두리째 뭉개버리는 죽으라는 행위와 똑같은 것이다.

만일 내가 그 상황이었어도 억울한 내 결백을 증명할 수 없다면 선택할 수밖에 없는 마지막 방법이다.

전교조가 지금도 헤매는 이유가 바로 이것이다.
불과 20일도 안된 근본도 모르는 여자의 말은 믿으면서
자신이 직접 커피를 타오라고 강요하거나 명령한 사실도 없는 일을 가지고 자필사과를 하라니 미치지 않을 사람이 누가 있겠는가?

전교조의 실수는
1. 분쟁의 원칙 즉 분쟁 당사자의 주장이 얼마나 신뢰할 수 있는가를 그 살아온 역사와 인격을 보고 판단해야 했다.
2. 일방적인 말이 아닌 증거 위주의 원칙을 지켜야했다.
전교조가 내세우는 정모 최모라는 증인도 자신들이 직접 목격한 일이 아니고 분쟁 일방의 당사자가 그렇게 얘기했다고 들었다는 말 그대로

말뿐인데 이것은 어린애기 말을 듣고 소를 잡는다는 속담과 똑같은 어리석음이다.

3. 아무리 칼을 맞대고 싸우던 적군일지라도 포로가 되었을 땐 장군은 장군답게 예우를 갖추어 죽이는 것인데 전교조는 교장에게 그러하지를 못하였다 마치 먹이를 만난 하이에나처럼 교장에게 달려들었다.

4. 전교조는 공권력을 행사할 수 있는 권한이 없다 단순한 사설 단체일 뿐이다.

따라서 학교와 교사에 관한 사항은 처음부터 끝까지 그 시정과 해명의 요구를 교육부 즉 교육청에 적법한 절차를 밟아야 했다.

이러한 원칙과 전교조의 폭력만 없었다면 이 사건은 그저 봄날 맑은 하늘 꽃잎에 스치는 바람이었을 것이다.

전교조가 주장하는 것이 무엇인가 ?
참교육이 무엇인가 ?

스승은 제자의 거울인데 학생들과 국민들의 앞에서 투쟁적이고 폭력적인 그 방법이 최선이었을까

나는 이러한 관점에서 전교조가 전교조를 의심하고 너는 누구냐 왜 존재하느냐고 더듬어 보는 시간을 가져 보기를 바란다.

참 맑은 세상을 위하여 전교조를 해체하자.

■ 서 교장선생님은 왜 자살하셨을까?
[ohara]

'찔리는 게 없으면 왜 자살했을까?'

이 질문은 서승목 교장선생님의 자살을 접한 사람들은 누구나 한 번은 가져 보는 의문이다. 그러나 각자가 내리는 결론은 다를 것이다. 결론이 다른 이유는 서 교장선생님과 같은 생각과 가치관을 가지고, 같은 인생을, 같은 길을 살아보지 못했기 때문이다. 자기만의 지식과 경험으로 판단하는 것이 잘못된 것은 아니다. 다만 자기의 판단이 틀릴지도 모른다는 사실을 인정하지 않는것이 잘못된 것일 뿐이다.

이제 나는 전교조의 본질적 문제에 대한 초점을 흐리지 않기 위해서 오래도록 무시하고 미루어 왔던 이 질문에 나름대로 답변하고자 한다.

세상 어느 누구보다도 명예와 긍지를 먹고사는 사람이 선생님이다. 학생들에게는 물론, 학부모와 사회로부터의 존경을 자신들의 존재의 이유로 가진 사람들이 선생이란 사람들이다. 그들에게 가장 큰 욕은 '선생이란 사람이……' 하는 것이다.

그 명예와 긍지의 중요성은 알지 못하는 사람이나, 경험해 보지 않은 사람, 갖고 있지 않은 사람은 결코 이해할 수 없다.

'바람과 함께 사라지다'의 주인공 비비안 리는 다섯 벌의 비싼 속치마를 겹쳐 입었다. 같이 출연한 조연 여배우들이 '밖에서 보이지도 않는데 왜 저렇게 속옷에다 돈을 쓰느냐'고 불평을 했다. 그러자 플레밍 감독은 '밖에서는 보이지 않지만 그 옷을 입은 본인은 자부심을 느낀다.'고 대답했다. 결국 영화 속에 나타난 비비안 리의 그 끝없는 자부심이 영화를 불후의 명작 반열에 올려놓았다.

위의 글은 서울대 윤석철 교수의 글을 옮긴 것이다.

'찔리는 게 없으면 자살했을까?' 이런 질문을 하고 싶다면 당신들은 서 교장선생님에게 명예와 긍지가 얼마나 소중했을지를 우선 생각해 보아야 한다. 어쩌면 명예와 긍지가 목숨보다 소중했을 사람에게 '찔리는 게 없으면 자살했을까?'라는 천박한 의문을 표시하는 것은 '밖에서 보이지도 않는데 왜 저렇게 속옷에다 돈을 쓰느냐'는 조연 여배우들의 세상 깊은 줄 모르는 항의와 같기 때문이다.

서 교장선생님은 살아서 '차 시중 요구', '이유 없는 괴롭힘', '성차별' 등등으로 온갖 더러운 비난을 받으니, 또 사회적 물의를 피하기 위해 굴욕적인 서면사과를 하느니, 지금까지 목숨처럼 생각해 온 명예와 긍지를 지키기 위해 스스로 세상을 떴을 수도 있기 때문이다.

나도 서 교장선생님이 가졌던 명예와 긍지를 잘 모른다. 그러나 한 가지는 분명히 알 수 있을 것 같다. 서 교장선생님이 가지셨던 명예와 긍지는 '찔리는 게 없으면 왜 자살했을까?'라는 사람들의 명예와 긍지보다는 한없이 컸을 것이며, 그를 핍박했던 사람들은 결코 명예와 긍지라는 것을 이해할 수 없으리란 것을……

나는 최소한 그런 질문은 하지 않는다. 내게도 조금은 명예와 긍지가 있으므로……

전교조의 자유게시판에서 서승목 교장선생님의 영전에 깊은 애도를 표한다.

■ 전교조의 과잉대응에 대하여

[뿌리]

1. 문제의 제기

상당한 시간이 지난 일입니다만, 두 분께서 전교조의 서 교장선생님에 대한 대응이 과잉 대응이냐 아니면 정당한 권리 요구였느냐에 관한 토론이 있었습니다.

그러나 과잉 대응이라 함은 대응할 권리가 있음을 전제로 합니다. 즉 대응할 권리가 있는데 그 정도가 지나친 대응을 과잉 대응이라 하는 것입니다. 애초에 전교조가 서 교장과 진 교사 문제에 개입할 권리가 없었다면 과잉 대응조차 성립하지 않는 것입니다.

2. 차 시중 강요 문제

차 시중으로 야기된 이번 사건의 최초 발생은 진 교사가 교감과의 아침 대화 도중 교감에게 차를 한잔 마시겠느냐는 질문에 교감은 이왕이면 교장 선생님에게도 한 잔 타드리라는 지극히 평범한 윗사람에 대한 예우 차원에서 한 권유였다고 볼 수 있습니다.

문제는 그날 퇴근 후 매일 아침마다 차 시중을 해야한다는 것으로 진 교사가 확대 해석하여 성차별 내지는 기간제 교사에 대한 압력으로 침소봉대하여 반발을 샀는지 아니면 실제로 그날 교감이 매일 아침 교장에게 차 시중을 강요하였는지의 문제이지, 서 교장이 직접 차 시중을 강요한 사실은 없습니다.

진 교사 본인의 글에서도 서 교장이 차 시중을 강요했다는 말은 없으며 다음날 교감과의 면담에서 차 시중을 거부했기에 차 접대는 단 한 번으로 끝난 상태였습니다.

전교조가 처음 주장한 서 교장의 차 시중 강요는 애초에 사건의 본질에서 벗어나는 문제였으며 상식적으로 생각할 때 오늘날 학교 교장이 싫다는 교사에게 차 시중을 강요한다는 것이 과연 가능한지 의문입니다.

3. 성차별의 문제

기존부터 시행되어 온 업무 분담장을 신입인 진 교사에게 맡긴 사실은 있으나, 특별히 진 교사가 여자이기에 차별을 했다는 사실은 어디에도 찾을 수가 없습니다. 차 시중을 거부하니까 자기를 괴롭힌다고 진 교사가 일방적으로 추측하고 있을 뿐입니다.

실제로 진 교사가 판단한 이 괴롭힘은 진 교사의 글에서도 나타나지만 장학 지도의 문제였습니다. 지도하는 입장에 있는 교사가 지도 받는 게 기분 좋을 리가 없겠지만, 여기서 어떻게 차 시중 거부에 대한 보복이니 성차별이니 하는 문제를 이끌어 낼 수 있겠습니까.

성차별이라고 규정할 만한 증거가 없고 지극히 진 교사의 자의적 해석에 의한 성차별이라고 단정한 것인데, 진 교사 본인이야 감정적으로 그렇게 느낄 수 있겠으나 전교조가 그런 판단을 할 근거는 어디에도 없습니다.

4. 교권 침해의 문제

진 교사는 교대 출신이 아니며 초등 교육 연수도 받은 바 없습니다. 즉 초등 교사로서 결격자였습니다. 지역의 모 인사의 추천에 의해 중등 교사를 고용한 것입니다. 사실이 이러하므로 진 교사가 처음 맡는 초등 수업을 제대로 하기는 어려웠습니다.

진 교사의 태도는 어떠했습니까, 1교시 도덕과 2교시 체육을 임의로 바꾼 사실과 자습을 시킨 지도 방법, 미술실 청소 불량 상태, 체육시간의 복장 불량(치마에 하이힐 차림)과 넘어진 아이에 대한 방관, 재능 교육시간의 무책임한 무단 이탈 등은 상급자의 눈에 당연한 장학 지도 감이었습니다.

이러한 상황에서 장학 지도를 하지 않는다면 그것은 직무유기일 것입니다. 지적을 받은 진 교사가 교장이나 교감의 차 시중을 거부한 성차별이며 교권 침해라고 했는데 지적을 받은 진 교사의 입장에서는 감정이 상할 수도 있었겠지만, 정상적인 수업 중 간섭이나 방해로 인하여 수업을 진행하지 못하게 했다면 교권의 심대한 침해로 볼 수 있겠지만 모든 상황을 고려했을 때 교권 침해와는 다른 차원의 문제이며, 교권 침해로 볼 수도 없는 정황이었습니다.

5. 전교조 비하 내지는 모욕의 문제

전교조는 서 교장이 "말 안 듣는 것들은 전교조야"라고 했다는 진 교사의 일방적인 주장에 따라 교장에게 사과를 요구하고 피켓 들고 교육청 앞에서 시위까지 했습니다. 서 교장이 이런 말을 했다는 증거는 어디에도 없으며, 교장 스스로 자기 혼자 보는 비망록에서 이 사실을 부인했습니다.

설령 서 교장이 그런 말을 했다고 해도 그것은 순간적인 감정의 표출로 보아야 합니다. 교장선생님이 전교조를 비하하려 했다거나 모욕하려 했다고 보기는 매우 어려운데, 사람은 자기 발언이 명예훼손죄(형법 307조)나 모욕죄(형법 311조), 또는 민법상 불법행위에 해당하지 않는 한 그 말의 대상에 대해 어떤 책임도 질 필요가 없습니다.

6. 진 교사의 사직 문제

진 교사의 사직이 서 교장의 강요에 의한 것이라면 그것은 정말 심각한 문제가 될 것입니다. 직권남용죄(형법 제7장 '공무원의 직무에 관한 죄' 가운데 123조)나 강요죄(형법 324조)가 성립할 수도 있으며 당연히 교권에 대한 중대한 침해도 될 것입니다. 그런데 진 교사는 서 교장이 자기에게 사직을 강요했다는 말은 하지 않았습니다. 오히려 교감은 3월 초에 진 교사가 그만두려고 해서 만류했다는 증언까지 했습니다.

진 교사는 3월 18일 "교장박살"이라는 다분히 악의적인 이름으로 "여교사는 교장의 노리개 감인가"라는 글을 인터넷에 올렸고 3월 20일 자신이 직접 사직서를 제출했는데, 이 문제에 왜 전교조가 개입을 합니까. 어느 누구도 진 교사에게 사직을 강요하지 않았습니다. 교직자로서의 자질 부족과 조직 사회에 적응을 하지 못하여 스스로 사직을 하였는데 전교조가 복직을 요구할 이유는 어디에도 없습니다.

7. 결론

이상으로 살펴볼 때 전교조의 대응은 과잉 대응이 아니며, 그것은 불법적인 개입이며 서 교장에 대한 강요, 협박, 명예훼손입니다. 전교조는 진 교사의 글과 진술에 대한 어떠한 성실한 사실 확인 작업을 거쳤는지 의문입니다. 그렇게 했더라면 이런 사태는 벌어지지 않았을 것입니다.

　강제로 인간양심을 왜곡·굴절하고 양심에 반하는 행위의 강제금지에 저촉되는 것이기 때문에 헌법재판소에서도 사죄 광고 게재 명령은 위헌(1991. 4. 1. 선고 89헌마160호)이라고 결정했습니다. 그런데 전교조는 사과하는 선에서 문제를 마무리하려는 서 교장에게 서면 사과문까지 요구했습니다.

　전교조는 아무런 법적 권한도 없으면서 조직의 힘을 빌어 사실 확인작업을 거치지 않고 막가파식 교장 길들이기에 언론도 부화뇌동하여 참을 수 없는 모멸감과 수치심으로 돈도 권력도 없이 오직 교직에 평생을 바친 명예만으로 살아온 분에게 그 명예에 씻을 수 없는 위해를 가함으로써 인내의 한계를 느낀 서 교장선생님께서 스스로 목숨을 끊게 한 사건입니다.

　다시 말하지만 서 교장선생님 사건은 과잉 대응의 문제가 아니라 불법 개입의 문제입니다.

■ 학교의 시간표는 신성한 불변의 약속이다
[봄바람]

충남 예산 보성초등학교 서 교장 자살 사건의 당사자인 기간제 여교사가 임의로 시간표 바꾼 일에 대한 이야기

학교의 시간표는 학교가 학생과 학부모에게 이렇게 하겠다는 약속이다. 그러면 학생과 학부모는 그 시간표에 따라서 일상의 계획을 세우고 지켜나간다.

그런데 교사 편의에 따라서 마음대로 바꾼다고 전교조 간부란 자가 TV에서 당당하게 말했다

기가 막힌다.

교사가 자신의 편의를 위해 약속된 시간표를 마음대로 변경하는 행위는 참교육을 말하는 전교조가 헌법이 보장하는 아이들의 학습권을 뭉개버리고 인권을 말하는 전교조가 아이들의 인권을 짓밟아버리는 만행이다.

체육시간에 정장에 키 높이 구두까지 신고 나무그늘 밑에서 호루라기만 부는 것이 교육인가?

세상 모든 학교와 교사들에게 물어보자. 전교조 마음대로 하는 이것이 정상적인 교육인가?

한마디로 전교조가 말하는 참교육은 전교조의 마음대로 학교를 좌지우지하는 개판이라는 증거이다. 전교조는 이것이 정상적인 교육인지 본인의 질문에 답해주기를 바란다.

끝으로 일년 열두 달, 책 한 권 사보지 않고 술만 퍼마시는 교사들을 위하여 대한민국 경찰이 매일같이 학교 출근시간에 교문에서 교사들의 음주측정을 한다면 어떤 결과가 나올까?

학교와 교실에서 음주교육도 단속하는 법률이 제정되기를 바란다.

해체 전교조
전교조 없는 참 맑은 세상을 위하여

■ 전교견 이야기 세번째 마당

[정문]

왔구나 왔어 멍멍멍
누런황구 돌연변이 전교견이 왔구나 깨갱깨갱
본디 황구라 함은 오장육보에 꼬랭이가 하나렸다
아!! 근디 이 잡것 전교견은
남산만큼 부은 간땡이 아래 수박통 만한 패륜보가 하나 더 있겄다
들썩이는 똥꼬 위에 꼬랭이가 아홉이나 되니
괴이하고 괴이하여
주둥싼 나가 주둥이 다물지 못하고
백성님께 으찌 아니 조잘조잘

교장선생 목이 말라 커피 한잔 축였더니
인권탄압, 여성차별, 성희롱에 파렴치범

옘병옘병 잡견들이
자근자근 씹기 시작하더니
배탱구리가 아니차니
삶아먹고 지져먹고 뽁아먹고 우려먹고

비벼먹고 튀겨먹고 회쳐먹고 무쳐먹고
데쳐먹고 구워먹고 부쳐먹고 찜쪄먹고
발라먹고 알궈먹고 솥바닥을 낼름낼름……
에라이 근본도 없는 잡것들아

잡것이 보통 잡것이냐 잡것중에 특종이라
또다시 작신작신 조져대더니 그것도 성에 안차
물어뜯고 꼬집어 뜯고 꺾어놓고 던지고
메치고 베어내고 쑤셔대고 비틀어 놓고
팽겨치고 뭉그러뜨리고 눌러대고 조르고
차고 밟고 온갖 지X 발광 조져라 부셔라
에라이!! 옘병맞아 미주알이 빠질 잡것들아

잡것들의 낯반데기 두껍기가 엔간해야 귀를 열지
죄를 아나, 업보를 아나, 인과응보를 아나
발뺌하는 꼬라지가 영낙없는 패륜이구나
오리발이 근본이고 거짓뿌렁 원칙이라 수리수리 마하수리
그짓말에 가짓말 사기치고 구X치고 뻥X치고
정치하고 언론 플레이 앞세우고 뒤세우고
숨어들고 덮어씌우고 말돌리고 핑계대고
시침떼고 뒤통수를 들이치고
아주공갈 염소X 아주공갈 염소X
에라이 이 호랑말코 호로 잡것들아

지친 노구 이끌고서 은행나무 올라가신

당신 뜻을 잡것들이 어찌 알까
死者밥을 떠올리고 눈물짓는 사모님의
무너지는 억장가슴 잡것들이 어찌알까

노심초사 학부모 맘
잡것들의 패륜짓을 아이들이 배워올까 안절부절 근심걱정

네 이X!!!! 세오녀[10]야 뭐하느냐
목욕재계 하고서 뒤안에 맑디맑은 정안수를 올리거라
교장님이 가신길에 비나이다 비나이다 지성으로 여쭙거라
오늘 밤은 독한 술을 준비하렸다
내가 술이 취해 천지가 나를 마시게 해야 겠다

---

10) 삼국사기에 전해 오는 '연오랑과 세오녀' 이야기에서 나오는 인물로, 전교조 게시판
　　관리 책임자 필명이 '연오랑' 임을 연상한 듯.

■ 말려야 할 일을 부추기고 부끄러워 해야 할 일을 자랑하는 사람들

[ohara]

사람 일에는 자랑스러워 해야할 일이 있고 수치스러워 해야할 일이 있으며, 말려야 할 일이 있고 권장해야 할 일이 있다. 아무리 옳은 일이라도 방법이 나쁘면 욕을 듣게 마련이고, 아무리 권장해야 할 일이라도 지나치면 비판을 받게 마련이다. 또한 애들 싸움이 어른 싸움이 되는 법은 있어도 어른 싸움에 애들을 개입시키는 법은 없다.

전교조 조합원의 파면 철회를 주장하는 전교조의 집단행동에 인천외고 학생들이 많이 참여한 동영상을 보았다. 율동을 섞어 박수치고 노래 부르며 연좌 농성하는 아이들의 동영상도 보았다. 그 학교는 급기야는 휴업에 들어갔다고 한다. 또 파면사태 이후 전체 학생의 10%가 자퇴하거나 전학갔다고 한다.

공부할 분위기를 조성해 주지 못한 데는 자신들의 책임도 일부 있거늘, 그럼에도 불구하고 동료들을 동원하여 우르르 집단으로 몰려가서 학습분위기를 해치고, 동조 농성하는 아이들 앞에 선생이란 작자들이 버젓이 피켓 들고 서 있는 모습이란 참으로 한심하다. 그들은 어찌 자신들의 행동이 유치하고 조잡하다는 것을 깨닫지 못한단 말인가?

　인생의 가장 중요한 시기에 학업에 열중해야 할 아이들을 저렇게 만들어 놓은 파면 당한 두 교사는 아이들의 동조농성을 보면 마음이 편할까? 마음이 편하다면, 그들의 동조 농성을 반가워하고 은근히 권장한다면 그 파면은 당연한 것이다. 백 번이라도 파면시켜야 한다. 아이들이 교사의 입장을 이해하고 지지하겠다고 나서도, 집단행동을 만류하고 "너희들은 상관말고 돌아가서 학업에 열중해야 한다"고 따끔하게 주의를 주어야 할 사람들이 오히려 학생들을 부추기고 자극한다면, 이것만으로도 그 전교조 교사는 파면되어야 마땅하다.

　전교조 조합원들은 곧잘 "그래도 아이들이 좋아해요."하는 말을 한다. 지적, 정신적으로 미숙하고, 감성적이며, 판단력이 부족한 어린 아이들의 마음을 얻은 것이 그리도 자랑스러울까? 그런 말로 스스로 위로하는 조합원들을 보노라면 정신지체장애자를 보고 있는 것만 같다.

　프로가 동네 조기축구를 주름잡았다고 자랑스러워하지 않으며, 군자는 어리석은 자들의 추종을 달가워하지 않고, 올바른 선생은 아이들이 환호한다고 즐거워하지만은 않는다. 세상은 그리 간단한 것이 아니기에 그들의 어린 환호가 반드시 옳은 일만은 아니란 것을 알기 때문이다.

　대한민국에서 어린 아이들 이용해 먹는 데 도가 튼 사람들은 전교조말고 또 있을까? 그것도 아주 상습적으로 말이다. 아니다. 또 있구나. 어린 아이들 붙잡아다가 앵벌이시키는 천벌 받을 놈들이 또 있구나. 하기야 전교조야 죽은 아이들도 두고 두고 이용해 먹는 사람들인데, 산 아이들을 그것도 잠시로 생각하고 이용해 먹는 것이야 무어 대수라고 생각하겠나? 말려야 할 일을 권장하고 수치스러워 해야할 일을 자랑하는 사람들이 교사라는 사실에 정말 놀라울 뿐이다.

■ 인천외고 동영상[11]을 보고 기가 막혀서
[진등]

세상을 살다보면 억울한 일도 많고, 불합리하고 부조리한 일도 많다. 그걸 바르게 고쳐 나가는 것은 너무나 당연한 것이다.

그런데 요즘엔 마치 그런 걸 고쳐 나가는 사람들이 따로 정해져 있는 것처럼, 또는 자신 속에는 그러한 잘못이 없는 것처럼 설치는 모습이 볼썽 사나울 때도 있다.

물론 다른 사람들보다 앞서서 그러한 잘못을 고쳐 보겠다고 하는 것은 좋은 일이다.

하지만, 고치는 방법과 수단과 고친 후의 문제점 등을 신중하게 고려하여야 하는데도 이를 너무나 경원시하는 경향이 있다.

고치고 나서 후유증이 더 심하다면 안 고치느니만 못하다.

좀 못 생긴 대로 그냥 사는 게 낫겠는가? 돌팔이 성형수술을 하여 일시적으로 예뻐 보이다가 후유증으로 얼굴이 예전보다 더 망가지는 게 낫겠는가?

---

[11] 전교조 본부 홈페이지 게시판에 네티즌이 올린 동영상 중에는 전교조 원영만 위원장을 비롯한 다른 전교조 교사들이 학생들에게 '투쟁'을 격려하는 장면 등이 포함되어 있었음.

인천외고 사태를 비롯하여 당신들이 지금 하고 있는 일련의 행위는 돌팔이 성형수술보다 못하다. (돌팔이 성형수술은 우선은 좀 예뻐보이기라도 하거든)

언젠가 상하점이라는 전교조 노조원이 이렇게 말하였다.
〈교육이라는 것이 원래 이상을 추구하는 것인데 현실논리를 내세워 가르치는 것은 옳지 않다고〉
교육뿐 아니라 인간이 근본적으로 추구하는 것이 이상 아니겠나?
그러나, 어느 날 자고 나니 세상이 바뀌듯 현실을 건너 뛰어서 이상을 실현할 수는 없다.
강을 건너지 않고서는 강 건너 주막집의 술을 마실 수 없다는 것이다. 그것은 막스나 엥겔스 같은 사람들의 상상속에서나 가능한 것이기 때문이다.
나는 차원의 차이는 있을 수 있겠으나 이상과 현실은 분리할 수 없다고 본다.
현실이 이상이요 이상이 현실이라고 보기 때문이다. 행복을 추구하기 위해서 불행한 현실을 보낼 필요가 있겠는가? 행복하면서 더 큰 행복을 찾아야 옳지 않을까?

어린 청소년 학생들을 당신들의 투쟁 현장에 '동지'적 개념으로 투입하는 것은 어떤 이상을 실현하기 위해서인가?
그 학생들이 보다 더 이상적인 사회에서 인간적인 삶을 살게 해 주기 위해서라고?
과연 그럴까? 축구장으로 내달아 난동에 참여하여 주심의 잘못된 판정을 고쳐 놓고, 억울하게 해직된 아버지 회사로 찾아가서 항의하여 아버지를 복직시키고, 혈서를 써 들고 투쟁에 참여하여 선생을 복직시키고 학원 민주화를 이루고 나면 그 아이가 미래에 행복한 삶을 살 수 있을까?

그건 크게 잘못된 생각이다.

그러한 행동을 하는 과정에서 그 학생들이 입은 정서적 타격은 왜 전혀 고려하지 않는가.

그들의 정신이 메마르고 황폐화된 이후에는 어떠한 세상이 와도 그들에게는 이미 이상사회가 아닌 것이다.

자신의 인권을 위해 다른 사람의 인권 희생을 요구하지 말라. 그것도 어린 제자의 인권을.

다음의 청소년 헌장을 읽어보라.

〔청소년은 자기 삶의 주인이다. 청소년은 인격체로서 존중받을 권리와 시민으로서 미래를 열어 갈 권리를 가진다. 청소년은 스스로 생각하고 선택하며 활동하는 삶의 주체로서 자율과 참여의 기회를 누린다. 청소년은 생명의 가치를 존중하며 정의로운 공동체의 성원으로 책임있는 삶을 살아간다. 가정·학교·사회 그리고 국가는 위의 정신에 따라 청소년의 인간다운 삶을 보장하고 청소년 스스로 행복을 가꾸며 살아갈 수 있도록 여건과 환경을 조성한다.〕

어느 구석에 당신들 필요에 따라 마음대로 이용해 먹고, 당신들 사고방식대로 세뇌당하고, 당신들 뜻하는 바대로 가르침을 받아야할 이유가 있는가?

정보를 캐기 위해 가진 고문을 행하는 것이나, 1더하기 2를 알게하기 위해 매질을 하는 것이나 당신들의 그 행위나 다를 바 없다. 정보를 캔들, 1더하기 2를 안들, 원하는 사회가 되든 이미 그보다 더 큰 것을 잃었기 때문이다.

 당신들이 원하는 것을 얻기 위하여 어린 제자들의 혈서가 필요하다고 느꼈다면 당신들은 과거 군사정권의 고문이나 인권탄압에 대하여 나무랄 자격이 없다.
 당신들이 원하는 것을 얻기 위하여 어린 제자들이 투쟁현장의 '동지'로 느껴지는 한 당신들은 선생 자격이 없다.
 당신들이 원하는 세상을 만들기 위하여 어린 제자들의 정신을 지배하려 한다면, 당산들은 반 개혁세력에 대하여도, 미국의 부당성에 대하여도, 그 어떤 사회악에 대하여도 나무랄 자격은 없는 것이다.

■ '전교조치기'를 아시나요?
[스전폭]

남의 금품을 빼앗는 범죄행위로서, "치기"의 종류는 대략 4가지가 있다.

우선 '날치기'.

이것은 사람의 가방을 뺏은 다음 있는 힘을 다하여 도망가는 수법으로, 대략 범행 장소 주변의 길목을 잘 알고 있는 자가 저지르는 범죄 유형으로 알려져 있다. 근간에는 오토바이라는 고속 이동수단을 사용하는 예도 자주 나타나고 있다.

다음, '소매치기'.

사람의 옷이나 가방에서 지갑을 면도칼 등으로 주인이 눈치 못채게 찢거나 능란한 손놀림으로 '쓱쩍' 하는 유형. 단독으로 범하는 '독립군파'와 2인 이상이 피해자의 정신을 빼면서 하는 '연합군파'가 있는 것으로 보고되고 있다.

무서운 '퍽치기'.

주로 야간에 인적이 드문 곳에서 둔기로 갑자기 행인의 머리를 쳐서 기절시켜 쓰러뜨린 후 지갑, 돈, 귀중품 등을 훔쳐 달아나는 범죄행위. 잘못 맞아 피해자가 사망에 이를 수도 있는 무서운 행위로, 주로 취객을 대상으로 하니 주말을 앞두고 과음했을 경우 필히 조심해야 할 강력 범죄 유형이다.

마지막으로, '아리랑치기'가 있다.

사람들은 이 아리랑치기를 퍽치기와 혼동하는 경우가 많은 것 같다. 그러나, 그 내용은 전혀 다르다.

퍽치기의 경우는 직접적인 폭력을 행사하지만, 아리랑치기의 경우는 폭력을 전혀 행사하지 않는다. 오히려 친절하게 도와 주는 척, 친한 척하며 술을 마셔서 인사불성이 된 사람에게 접근한다. 부축하면서 주머니 안의 지갑, 돈 등을 슬쩍해 가거나, 벤치 등에 사람을 재워주는 척하면서 그러는 경우도 있다.

'전교조치기'

이것은 신종 '치기'로서, 남의 물건도 빼앗지 않고 폭력도 사용하지 않는다. 그러나, '아리랑치기'의 변종인 이 '전교조치기' 야 말로 세상에서 가장 무서운 것이다.

전교조치기는 주로 어린 청소년 학생들을 그 대상으로 하여 행해진다.

금전 대신에 학생들의 귀중한 시간과 순박한 심성을 빼앗는, 그리고 떼로 몰려들며 공공연히 하는 것이 여타 '치기'들과 다르다.

학생들 입장으로서는 반가워할 '학생 인권 쟁취'니, '시험 폐지'니, '두발, 복장 자유화'를 응원하는 척하며 학생들에게 온갖 '친절'을 다 떨며 접근한다.

그리곤, 전교조가 결정적으로 학생들의 힘을 필요로 할 때, 그들을

'학생동지'라 하며 선생인 자신들과 동격인 것처럼 추켜주면서 공부도 못하게 하고 갖은 패륜 패악을 행하게 만든다.

날치기, 소매치기, 퍽치기, 아리랑치기는 금품을 빼앗기지만 이 '전교조치기'는 금전으로는 환산할 수도 없는 귀중한 학생들의 순박한 심성과 그들의 미래를 빼앗아감으로, 전교조 조합원들이 많은 학교에서는 학생과 학부모들이 매우 조심을 해야한다.

'전교조치기'의 대표적 케이스는 인천외고에서의 경우이다.

학생들을 사랑한다며 말로는 매우 '친절'하게 대한다. 밤에 촛불집회로 이벤트도 열고 투쟁가요도 가르쳐서 마치 그들이 '성숙한' 대학생이라도 된 듯한 착각에 빠지게 만든다.

전교조가 목표로 하는 방향에 맞추어 학생들에게 전교조측 입장이 옳은 것처럼 선동, 세뇌시킨다. 이 과정에서 말도 안되는 거짓 교육도 불사한다.

심지어 학생들 모아 놓고 전교조 수장이라는 원영만 위원장은 마이크를 붙잡고

"끝까지 선생님들과 함께 힘차게 투쟁하기를 바란다"

고 선동을 한다.

이쯤되면 아이들은 아리랑치기에서의 '술 취한 사람' 이상으로 제 정신을 잃게 된다. 마치 전교조 교사 두 명 파면 철회 투쟁하는 것이 '정의로운' 행동이라고 착각하고 공부고 뭐고 다 소용없다고 생각한다. 학교에 붙일 수 있는 데는 모두 전교조의 요구가 써 있는 종이, 현수막을 갖다 붙인다. 수업 거부를 한다. 혈서를 쓴다. 교장실 들어가 행패부린다. 학교 기물을 마구 부순다.

학생들의 귀중한 시간과 순박한 심성은 '전교조치기'로 빼앗기고 있었다.

　학생들의 미래에 있을 피해는 금전으로 환산 불가.

　전교조는 뒤에서 팔짱끼고 흐뭇해 하고 있었을 뿐이다.

　해체 전교조

　'전교조치기' 없는

　참 맑은 세상을 위하여……

● 전교조로 되돌아온 부메랑
[편저자 김동렬]

　1980년대 일부 교사들이 '참교육'을 위해 모여 출범한 전교조는 많은 기대를 받은 것으로 기억된다. 사실, 전교조가 일부 학교 재단이사장과 교장의 전횡을 바로잡아 학원 민주화를 이루는 데 일정 부분 기여한 것은 긍정적으로 평가받고 있으며, 1999년 전교조 합법화와 함께 초중고 교육계에서 차지하는 위치와 역할 역시 상당히 커졌다 할 수 있다.

　그러나, 지금의 전교조에서는 부정적 모습들을 자주 드러내고 있다.
　수단이 목적을 정당화시킬 수 없다는 사실을 이제 전교조는 망각하고 있는 것 같다. 전교조가 '학원 민주화'를 위해 노력한다고 하는 목적 자체에 대해서는 국민들의 지지를 받을 수 있다. 그러나, 자신들의 주장만이 정당하다는 이유로 국민의 동의를 구하지 않은 채 강경한 투쟁을 그 주요 수단으로 하고 있으니 이것은 교단 갈등, 교단 분열이라는 또하나의 문제를 만들고 그 주역 노릇을 하고 있는 것이다. 게다가 법과 도덕적으로 가장 모범적이어야할 교원들의 단체가 법보다는 숫자와 힘의 논리에 의존하고 스스로의 잘못에는 관대하고 남의 잘못만을 캐내려 애쓰는 듯한 모습을 보이니 국민들의 실망이 이만저만이 아니다.

전교조의 개입 이유도 불충분하고 투쟁 방법에 있어서 무리가 있었던 서 교장 사건에, 전교조 교사의 교감 구타 사건, 학생들을 시켜 교장 고발용 학부모 위임장을 받아 오게 하는 사건, 학교 측의 전교조 교사 파면에 대한 대대적이고도 조직적인 파면철회투쟁, 심지어 교장선출보직제를 하자고 모인 자리에서 교장들을 "개X같은 X들"이라고 싸잡아 험한 욕을 하면서 이를 자랑스럽게 여기기까지 했다니, 전교조가 항상 말하는 '교육희망'은 이런 것들로 이루어 보려는 것인가? 아니다. 이것은 '교육절망'이다.

　이제 전교조는 8만명이라는 조합원 수와 조직력으로 '학원 민주화' 투쟁을 한다면서 주로 재단, 교장의 비리를 집중 추적 조사하여 인터넷 등에 공개 폭로하고, 고소 고발하는 방법으로 교장의 권위를 무력하게 만들고, 교육부도 '우습게 아는', 가히 절대 권력자인 '교단의 터미네이터'라고 불러도 손색이 없을 정도로 변해가고 있다.

　어떤 좋은 뜻을 내세운 집단이든 일단 권력화되면 '초심(初心)'을 잊고 오만해지거나 집단이기를 위한 주장을 내세우기 쉬운데, 이는 그 집단의 몰락을 자초하기 십상이다.
　어느덧 교단의 절대권력자로 변신하여 자기반성에는 소홀해진 전교조.. 이젠 그들이 어떤 주장을 하더라도 그 진의를 의심받고 비판받는 상황에까지 이르고 있다.

　전교조가 주장하는 '교장선출보직제'(약칭 교선보)는 그 진의를 의심받는 대표적 케이스다.
　평등한 교단 구축에, 민주적인 학교 운영. 이를 위해 교사들이 직접 선거를 통해 임기가 있는 교장을 선출하고, 교장 임기가 끝나면 다시 평교사로 돌아와 교사 역할을 한다. 이런 제도를 전교조가 주장하고 있는데, 점점 이런 주장을 믿어주기는 커녕 '현행 제도로는 교사의 꿈인 교장도 못해보고 정년퇴직을 할 가능성이 많으니 돌아가며 교장 해먹기 하자고 한다' 라는 의심을 받는 것이다.

만약 이런 주장이 전교조가 평소에 합리와 대화로 풀어나가 출범 당시처럼 평판이 나쁘지 않았다면 국민도 정부도 전교조의 그 어떤 '저의' 도 의심치 않았을지도 모른다. 하지만 벌이는 일마다 '투쟁' 이요, 그 결과는 '사고' 나 '사태' 로 이어지니 자라보고 놀란 가슴 솥뚜껑 보고 놀란다는 식으로 이젠 전교조가 뭔가 한다 하면 우선 의심하고 경계를 할 수밖에 없는 것은 자업자득이라고 해야 할 것 같다.

한 예로 전교조의 '교선보' 주장은 당초 의도와는 다르게 오히려 정반대 방향으로 논의의 분위기가 조성되고 있는 듯하다. 교사들의 꿈인 교장을 쉽게 할 수 있게 하는 제도는 고사하고, '학부모와 학생 참여 방식의 교사평가제' 나 '교사계약제' 라는 교사들 입장으로서는 불리한 제도의 부메랑으로 돌아오고 있는 것이다. 어떤 학부모 단체에서는 교사로서의 자질이 없는 교사들의 명단을 그 사유와 더불어 공개적으로 발표하기도 한다. 심지어 학교 교실에 CCTV를 설치하고 학부모들이 인터넷으로 학교 현장을 실시간으로 보면서 선생님들이 교육을 잘 하고 있는지 어떤지 그 평가까지도 해야 한다는 의견도 나오고 있다. 이런 주장이 설득력을 얻어 간다면 교육의 '진짜 사용자' 인 학부모들에 의해 전교조 조합원들은 더 이상 '스승' 대접은 고사하고 진짜 고달픈 '교육 노동자' 들의 시대를 맞게 될 것이며, 그렇게 된다면 그것은 혹 떼려다 혹 붙인 격이 되는 것이다.

비근한 예로, 인천의 모 외국어 고등학교에서의 교사 파면 사태가 그렇다. 전교조는 전교조 교사 2인의 파면 결정에 불복한다. '파면 철회 투쟁'으로 학교가 난장판이 되고, 수백명의 학생들이 학교를 떠나 타교로 전학을 간다. 전교조 교사들이 수업을 거부하고 학생들을 앞세워 투쟁한다. 이로 인해 학생들의 학습권을 크게 침해했다는 것을 주된 이유로 265명의 학부모가 20명의 전교조 교사들에게 5억 원 대의 손해배상 청구를 한다. 또, 업무 방해죄 등으로 고발된 전교조 교사들이 구속되기에 이른다. 이것은 1980년대 초창기 전교조와는 달리, 철저히 집단이기를 추구하는 노동자화되어 학생들의 희생도 불사하고 교사 자신들의 이익만을 중요시하는 전교조에 대해서는 이제 학부모들도 좌시할 수 없다는 의사 표시를 행동으로 옮기기 시작했다는 뜻이다.

전교조는 학교에서 무적의 '터미네이터' 역을 그만 두어야 할 때가 왔다는 것을 느낄 필요가 있다. 그 어떤 '학교 민주화, 교육 개혁'의 명분도 합리와 대화가 아닌 힘에 의한 투쟁으로 해결할 수 있다고 생각한다면 그것은 엄청난 시대 착오적 발상이다. 전교조가 하는 일의 목적은 교육의 실수요자인 학생과 학부모들을 위한 것이라야 지지를 얻을 수 있는 것이다.

집단이기로 조합원 자신들만의 명리만 추구하다가는 국가와 국민의 반대의지라는 부메랑이 되어 전교조 자신들에게 돌아올 뿐이다.

■ 이제 우리 국민들이 바라는 것은
[봄바람]

삼가 국민들이 살펴 보건데
전교조는 하나의 노동자 집단일 뿐이다.
전교조는 어줍잖은 실력으로 아무런 사명감도 없이
호구지책을 위하여 학교에 들어가서
교사라는 명분에 의지하고 있는 자들로서
지극히 천박하여 하늘이 정하신 천륜을 짓밟고
사람의 인륜을 무시하며
이미 스승의 도리가 무엇인지조차 모르는데
어떻게 자기 몸을 돌보지 않고 제자들을 위하여
열과 성의를 다 할 것이며
그것이 국가와 민족의 장래를 다지고 밝히는 초석이며
등불임을 알 수가 있겠는가.

마침 국운이 불행한 때를 만난 탓에
외람되게도 참교육이라는 양의 탈을 쓰고
성대하고 과분한 대접을 받아
붓을 든 손가락에는 금옥(金玉)이 빛나고

고급 브랜드 옷으로 치장하고
학교와 거리에서 떠들썩하게 거드름을 피우며
교만을 부리고 있는 패악한 자들이 전교조인데
대저 전교조가 무슨 공로가 있기에
교직을 뭉개면서까지 그렇게 하는지
우리 국민들은 알 길이 없다.

심지어는 자신들의 종신제 철밥통을 지키기 위하여
학부모를 고발하고 제자들로 하여금
부모와 스승을 고발케 하여
패륜과 패악을 일삼는데도
국가에서 수 십 억원을 해마다 지원받아
자신들의 세력을 확장하고 살찌우는데
혈안이 되어 있는 집단이 바로 이 불학 무도한 전교조다.
전교조의 죄가 이미 깊었는데도
자신들의 죄악을 숨기기 위하여
참교육이라는 가면을 쓰고
날마다 폭력과 투쟁을 일삼으니
그 폐단과 피해가 위로는 관청에서부터
아래로는 가난한 서민들에게까지
미치지 않는 곳이 없다.

우리 국민들이 더욱 통분한 것은
전교조라는 그 무리들의 위세가 더욱 성하여
갈수록 그 위세를 등에 업고

스스로 참교육을 실천하는 교사라고 칭하면서
대다수 선량한 동료 교사들을
만날 적마다 무시하고 멸시하며
온갖 비난과 모욕을 주면서
우리국민들이 지켜온 미풍양속(美風良俗)과
사도(師道)를 짓밟는 것이 극에 달하였다는 것이다.

귀신과 여우처럼 음흉한 전교조는
온갖 모략을 획책하여
신성한 교단을 어지럽히고 무고하였으니
이 나라의 삼척동자라도 그 이름을 들으면
머리털을 곤두세울 지경이며
또한 부정(不正)한 학문과 불순(不純)한 사상으로
나라와 민족을 통째로 말아먹으려 하고 있다.

이제 우리 국민들이 바라는 것은
국가와 국민들이 다 함께 확실한 결단을 하여
전교조에게 부여한 모든 혜택을 삭탈하고
그 죄를 바로 잡아 해체시킴으로써
잘못된 교육을 바로잡고
올바른 것을 어지럽히는 무리들의 발호를 막아
국민들의 마음 속 울분을 시원하게 풀어주는 일이다.

참교육을 말하는 전교조에 참교육은 없고,
교육개혁을 말하는 사람들은 교육개혁이 없다.

과연 누가 누구를 위한 참교육이며 교육개혁인가
희망 없는 암담한 세월 앞에서
가난한 국민들은 오늘도 짊어지고 갈
상여를 만들고 있다.

해체 전교조
전교조 없는 참 맑은 세상을 위하여…….

■ 교육개혁, 이제는 혁명뿐이다
[봄바람]

1. 교원 자격증제 폐지
2. 공무원 신분인 교원을 일반 대학 강사신분과 수준으로 전환 (학교 간 교사 순환 전보 발령제도 폐지)
3. 학부모직접선거로 교장선출 학교경영 (모든 투표를 포함하여 경영에서 교사배제 원칙고수)
4. 평교사제 실시 (모든 승진과 직급이 없는 교육만 전담)
5. 전면 교사계약직 실시
6. 교사평가 재임용제 실시
7. 교육청은 제반 학교 지원과 보조 역할로 기능과 인력축소
8. 학부모에 의한 학교경영(학부모직접선거로 교장선출 학교경영)으로 개인과 개인 학교와 학교의 완전 자유 경쟁체제 전환
9. 평준화 전면 폐지하고 모든 선택권을 개인의 자유권리 의사로 학교와 교사의 선택결정 존중.
10. 평준화 폐지의 장점은 무한한 개인의 창의력과 발전을 가져오고, 자신의 능력과 의사에 반하는 불필요한 교육으로, 정신적인 고통과 낭비되는 시간과 재정지출을 막을 수 있으며, 그로인한 제반분야가 자연스럽게 발전된다.

11. 평준화 폐지에 따른 부작용으로 나타나는 빈부격차의 갈등은 정부가 공교육에 투입되는 교사들의 경쟁력을 확보하고, 지금의 국민 사회복지 정책을 확대하여, 실력은 있으나 가난 때문에 배울 수 없는 학생들은, 국가인재 수급과 국력배양의 차원에서 그들이 지원하는 학교의 학비를 전액 무상보조지원하면 아무런 문제가 없으며, 오히려 지금보다 개인과 국가가 전체적으로 불필요한 낭비를 줄이므로 재정이 절약된다.

※ 능력 있는 자들은 그 능력껏 배우도록 하는 것이 가장 공정하고 인간적이며 가장 효과적인 것이다.

부모의 재정능력이 없는 아이들은 지금처럼 국가가 "실업계는 면제"라는 등식으로 정하는 것은 곧 불평등이며 굴종의 강요다.

"너희들이 무엇을 원하느냐? 원하는 바가 있다면 부지런히 노력해라. 너희가 실력만 있다면 국가가 달나라일지라도 보내주마, 마음 놓고 공부해라"
바로 이런 시스템으로 가자는 것이다.

그리고 학교의 환경은 다음과 같이 바꾸자.

학교에 가보면 교사들의 근무 현실이 답답한 것은 사실이다.
능력 없는 교사들을 교사재임용 평가를 통하여 쓸어낸 후, 맨 먼저 해야 할 일 가운데 하나가, 교사들에게 개인 학습연구와 학생상담을 할 수 있는 3평정도의 서재를 겸한 독립된 공간을, 학교 내에 만들어주어야 한다. 가능하다면 교실 내에 두는 것이 좋다고 본다.

물론 그곳에는 교사들이 학생들을 위한 교육을 연구할 수 있는 첨단 정보시스템이 갖추어져야 한다. 주의 할 것은 간이침대를 놓을 수 있는 공간이 없어야 한다. 즉 교사들의 게으름을 방지하자는 의미다.
하루 규정된 8시간을 4시간 수업, 나머지 4시간은 상담과 교육학습 연구로 활용토록 해야 한다. 당연히 조건은 교사들이 이러한 기능을 할 수 있도록 통제할 수 있는 최소한의 강제수단이 선행되어야 한다.

그 밀폐된 공간이 교사들의 부도덕한 범죄(성폭력 등)의 장소로 악용될 수 있음으로, 이것을 감시할 첨단 기술 장비를 설치할 필요는 있다.

교육이라는 교사 직무의 특성이 독립된 개인 공간이 필요함에도, 현재의 교무실은 교사 개인의 학습 연구와 상담 등, 교사라는 그 특수한 직무를 보조하고, 교사와 학생 모두의 인권이 보호받지 못하는 곳이다.

또한 교사들은 교육에 관한 떳떳한 일이라면, 3평 공간이 전자 감시를 받는다는 것에 불쾌할 이유가 없다. 역설적으로 학생들을 위한 자신의 노력을, 외부로 알릴 수 있는 자기 홍보의 공간으로 생각하면 좋을 것 같다.

결론은 교사들에게 최고의 대우를 해주고, 그에 따른 통제도 하자는 것이다.

왜 이러한 공간이 필요한지는 설명이 필요 없으리라고 본다.

바로 사랑하는 우리 아이들을 위해서다.

학교라는 교육에 관한 정보를 학부모와 학생과 학교와 교사가 공유하자.

기왕의 준비된 네이스를 부활하여, 학교와 교실을 인터넷으로 100% 공개 공유한다면, 그다지 큰 비용부담 없이 가능할 것이다.

나의 작은 경험으로 보아 대문 안의 자식과 대문 밖의 자식은 분명히 다르다.
그리고 어차피 학생들은 교육이라는 이름으로 통제의 대상이다.
내 경험으로는 아이들은 착하고 순진하기 때문에, 부모가 자신의 일거수 일투족을 보고 있다면, 대문 안과 밖의 차이를 극복할 것이며, 학교 내의 여러 가지 폭력도 사전 예방되고 정화될 것이다.

학부모들의 입장에서는, 직장에서 비행기내에서 언제고 자녀의 학습 태도를 볼 수 있다는 장점이 있으며, 교사들의 입장에서는 자기 홍보시대에 최적이라고 생각한다.

과학문명이 발달하여 다양화된 세계에서, 하나가 될 수 없는 것들이, 첨단 기술을 통한 정보의 공유로 학생과 학교와 학부모가 하나가 되는 기회이며, 학부모들을 학생들을 위한 교육과정의 하나로 참여시켜 교육의 한 축을 담당하게 하는 전인교육의 모태가 될 것이라고 생각한다. 만일 이 방법이 시행된다면 어차피 실력 없고 교수능력이 없는 교사들은 자연스럽게 도태될 것이다 비리와 부패 · 무능과 저질 · 폭력과 범죄, 아마도 한꺼번에 추풍낙엽이 될 것이다.

그것도 아주 빠른 속도로 도태되고 자리를 잡을 것이다

1. 교권 침탈이다
2. 학습권 침탈이다
3. 학생 인권 침해다

위 세 가지는 아무데고 해당이 없다.

먼저 교사는 그 직무의 특성상 비밀한 교수가 아니고 공개된 직무에 의한 수업이다.

따라서 타인에게 공개되는 것 자체가 부끄러울 것도 없으며, 오히려 자랑스럽고 당연한 것이다.

학습권 침탈 또한 해당이 없다.

학생들이 부모 모르게 감추고 해야 할 공부가 있는가?

내 자식 공부하는 것을 보기만 할 뿐, 그들을 통제할 그 무엇도 없다. 가정의 연장선상일 뿐이다.

또한 부모가 자녀의 학습태도를 보고, 자녀를 위해 무엇인가 더 많은 생각을 함으로, 오히려 학생들의 전인교육에 긍정적인 효과로 나타날 것이다

학생들의 초상권이 인권 침해라면, 공연장에서 열광하는 방청객 모두가 방송국에 제소를 해야 할 일이다.

우리들은 일상생활에서 이미 첨단장비의 감시와 그 보호를 받고 있는 시대에 살고 있다.

신상을 공개하는 일이 아니다. 수많은 학생들 가운데 내 아이가 소속된 그 반의 학업 풍경만 볼 수밖에 없다.

실력 있는 교사라면 반대할 이유가 전혀 없다.

지금까지 설명한 이러한 시스템이 완성되면 교육개혁은 그 수요자인 학부모에 의하여 물이 흐르듯 자연히 이루어질 것이다.

참교육을 말하는 전교조에 참교육은 없고,
교육개혁을 말하는 사람들은 교육개혁이 없다.
과연 누가 누구를 위한 참교육이며 교육개혁인가.
희망 없는 암담한 세월 앞에서
가난한 국민들은 오늘도 짊어지고 갈 상여를 만들고 있다.

해체 전교조
전교조 없는 참 맑은 세상을 위하여…….

■ 학생과 학부모에 의한 교사평가제
[청헌]

전교조를 위하여 필요합니다.

동료교사들과 교장, 교감들이 학생들의 교육에는 관심이 없고 승진이나 보직에 매달려 있다는 것이 전교조 측의 그 동안의 주장이었습니다. 교장선출보직제도 그러한 맥락에서 제기되고 있는 것으로 압니다.

교사평가제는 학생들과 학부모의 평가에서 일정한 기준에 미달하는 교사들을 퇴출시킴으로써, 교사들의 관심을 학생들의 교육과 생활지도에 집중되게 하는 데 매우 큰 역할을 할 것입니다. 그것은 국민이 주인이고 교사는 봉사자라는 국민주권의 대의이기도 합니다.

학생들과 학부모들로부터 최소한의 평가를 얻는 교사들이라야 승진도 할 수 있을 것이므로 교장 교감 등 책임과 권한 있는 위치에 올라가기 위하여 학생지도를 소홀히 하는 것이 효과적으로 방지될 것입니다. 아울러 전반적으로 승진하는 분들의 자질이 유지될 것입니다.

동료교사들과 교직사회가 학생들과 학부모들을 향하여 항상 겸허한 자세와 집중된 마음을 지니고서 생활한다는 것은 교사 한 사람 한 사람의 삶을 행복하게 해 줄 것입니다. 책임감 있는 교사들에 둘러싸여 있는 학생은 지도가 겉돌지 않고 애쓴 보람이 낭비되지 않습니다. 한 명 한 명을 교사들이 돌아가며 성의를 다하여 돌보는 행복, 그것이야말로 군자의 즐거움입니다. 안심하고 가르칠 수 있고, 안심하고 맡길 수 있으며, 안심하고 올려보낼 수 있습니다.

그러므로 교사평가제는 학생들에게 전념하고 싶은데도 승진제도와 자질이 부족한 교장, 교감 때문에 애로가 크다고 밝혀 온 전교조 교사들을 위하여 반드시 필요합니다.

그 법제화를 위하여 힘을 기울여야 합니다. 전교조 교사들의 이해와 적극적인 협력을 바랍니다.

■ 이 게시판 어느 관전자에게 드리는 답변
[뿌리]

전교조 선생님들이나 지지자들이 논리적인 글을 못 올리는 이유.

어느 분께서 왜 전교조 지지자들은 논리적인 글을 못 올리느냐고 하는 글을 올린 적이 있습니다.

전교조는 조합원 9만 명, 연 회비 130억~200억 원, 조합 상주 회원 100여 명의 거대한 카르텔을 형성하고 있습니다.

전 조합원 9만 명은 전교조 집행부의 자체 결정에 무조건 따르는, 언제든지 투쟁의 현장에 투입될 수 있는 예비 부대원들이며, 이 중 대의원과 분회장 등 핵심 활동가들은 소규모부대 부대장 격입니다. 상주 회원 100여 명은 하루 종일 전교조의 투쟁 방향과 이념, 이론 개발에만 전력을 다하는 살인 병기와 같은 전교조가 추구하는 이념이나 이론으로 무장된 최 정예 전사들입니다.

이러한 막강한 전력을 구비한 전교조가 이 게시판에서 침묵 아닌 침묵으로 일관하는 이유는……

어떠한 의견에도 대응하지 말라는 내부 방침때문일까요? 아닙니다.

얼마 전 전교조 대변인과 게시판 운영자의 답변이 있었던 걸로 봐서 이것도 이유가 아닙니다.

논리와 설득력이 부족한 집단이라서 그럴까요? 아닙니다. 전교조는 배울 만큼 배웠고 어느 누구보다도 말 잘하는 사람들이라는 자부심을 가지고 있는 선생님들로 이루어진 조직입니다.

이 게시판이 하도 욕설이 난무하니 전교조 선생님들은 고고한 인품을 지닌 점잖은 분들이라서 그럴까요? 아닙니다. 이거야말로 말이 되지 않는 소리입니다. 그 동안의 전교조 선생님들의 집단 행동 방식으로 봐서 절대로 그럴 리는 없습니다.

그럼 도대체 이유가 무엇일까요?

그것은 명분이 없기 때문입니다. 전교조는 그 동안 기고만장하여 세상에 두려운 게 없었던 조직이었습니다. 모든 게 자신들이 옳고 자신들만 절대 선이요, 절대 정의이며 절대 진리라고 생각했습니다. 전교조가 하는 일은 무조건 옳고, 반대하면 무조건 보수 수구 꼴통이라는 생각이 골수에 깊이 사무친 조직입니다.

이런 조직이 최근 일련의 사태에서 보듯이 NEIS[12] 반대, 반미 친북, 협박, 폭행 등 스스로 무덤을 파는 행동으로 인하여 입이 열 개라도 할 말이 없기 때문입니다.

하나씩 따져 보겠습니다.

인권 침해, 해킹 때문에 반대한 NEIS가 전문가들과 실무자들의 진단

---

12) National Education Information System(교육행정정보시스템)의 약자로, 교육행정 전반의 효율성을 높이고, 교원의 업무환경 개선을 위해 교육인적자원부가 구축하는 전국 단위의 교육행정 정보체계

에 의하여 C/S 역시 인권 침해 소지가 이에 못지 않고 해킹에는 더 무방비이며 오히려 정보화와 편리성에서 NEIS를 적극 도입해야 한다고 합니다.

반전 평화를 빙자한 대안도 없는 반미는 한·미 정상 회담에 부메랑되어 주도권을 완전히 상실하는 결과를 가져 왔습니다.

이미 퇴색되어버린 좌경이념은 구시대의 유산물인데도 집착하다 모든 자유 민주주의를 신봉하는 국민들로부터 외면만 당하고 있고, 남의 나라 인권에는 그렇게 관심이 많은 사람들이 세계에서 가장 인권 탄압이 극심한 북한에는 침묵으로 일관하고, 민주화를 시도 때도 없이 부르짖으면서 김정일의 독재에는 암묵적인 지지를 보내 전 국민들로부터 호된 질타를 받고 있습니다.

보성초 서 교장님 사건에서 분명한 원인 제공의 요인이 다분한데도 이렇다할 반성이나 사과 한 마디 없고 무조건 남의 탓으로만 돌립니다.

전교조 교사가 폭행을 당하면 가해자의 전화번호 신상명세서까지 게시[13]하여 집단적으로 반발하고 전교조 교사가 폭행을 하면 개인적인 일로 치부하여 전교조와는 상관없는 일로 발뺌합니다.

하는 일마다 이러니 무슨 논리적으로 변명을 하고 설득을 하겠습니까?

말이란 흘러가는 것이고 글은 흔적이 남는 것입니다. 그래서 우리는

---

13) 2003년 4월 21일 경기도 광명시 소재 K여고에서 이 학교 교감이 교육행정정보시스템 (NEIS) 정보 입력 지시를 거부한 전교조 소속 남녀 교사 2명에게 '폭언을 퍼붓고 무릎을 꿇게 한 뒤 배와 어깨를 발로 차는 등 폭행을 가한' 사건

글을 보면 그 사람의 인품이나 됨됨이를 알 수가 있고 책임 있는 자의 글은 사회의 공기(公器) 역할을 합니다. 글로써 전교조를 옹호하려면 자기모순에 빠져 버리고, 변명을 위한 변명이 될 수밖에 없습니다

만약 유능한 변호사라면 죄는 미워도 인간은 미워하지 말라는 논지로 선처를 구하겠지만 전교조는 절대로 반성이나 사과를 해 본적이 없는 조직입니다. 아니 무엇이 잘못인지 조차도 모르는 조직이기에 문제의 심각성은 더 한 것입니다.

그 동안 무조건 옳다고 생각하고 행동한 것이 이렇게 잘못뿐인데도 어느 누구 하나 제재를 가하지 않자 자신들이 무조건 옳다고 여긴 겁니다. 이제는 더 이상 참을 수 없는 국민들이 나서서 하나하나 따져 나가자 할 말이 없고 명분이 없는 것입니다.

명분을 잃은 조직은 더 이상 존립 가치가 없는 것입니다.
조금이나마 이해가 되셨기를 바랍니다.

■ 안티 소감

[청헌]

　작년 5월에 어떤 우연한 인연으로 전교조 게시판을 방문하였다가 거기에 실린 글들을 읽고서 얼마나 놀라고 소스라쳤는지는 표현할 방법이 없다. 그런 독선과 적대와 증오가 있을 수 없었다. 그런데도 전교조의 또 다른 조합원들이 그런 글들에 대하여 반박하거나 그 글의 상대방을 위로하거나 하는 모습은 참으로 찾아보기 어려웠다. 크게 어둡고 왜곡되었다는 것을 발견하고서, 가슴 철렁 하였다. 이렇게 그늘지고서야 교육개혁의 주체가 될 수 없을 뿐만 아니라, 커다란 걸림돌이 될 것이 뻔하였는데, 벌써 늦은 것 같았다. 튬튬이 이런 저런 아이디로 글을 올리고 공박도 해 보았으나, 내게는 그 알아먹을 수 없는 여러 개의 글들을 상대할 어떤 능력도 결여되어 있었다.

　그러함에도 불구하고 내가 이 곳을 아주 버리지 못한 이유는, 전교조의 공격과 비난을 벌기 위한 것이 결코 아니었지만, 그렇다고 전교조의 어떤 사람들을 공격하거나 설득하기 위한 것은 더더욱 아니었다. 공격의 효과를 거둘 수 있거나 설득의 힘을 지닌 글을 올릴 능력이 전무하다는 것과, 그런 것은 처음부터 기대할 수 없는 일이라는 것이 금방 드러났다. 나의 이유는 오직 우리의 교육 현실의 암울한 모습 때문에, 어쩔 수 없이 어두운 마음이 되어 여기에 들어왔다가 도로 마음 무겁게 나가게 될 그 분들에 있었고, 지금도 그렇다.

적어도 합법화 이후 전교조는 그 고통을 빚는 한 축이 되었다는 것을 부정할 수 없었다. 우리 앞의 문제를 해결하기 위하여는 이를 이유로 새로운 문제를 확대 재생산하여서는 안 된다고 본다. 전교조의 행동은 확대 재생산하는 쪽에 있다고 느낀다. 내가 그 분들의 분노에 공감하게 되었을 때, 나는 그 분들의 고통을 인간으로서 위로하고 싶은 생각이 들었는데, 왜냐하면 보고도 못 본 체 등을 돌릴 수는 없음이 분명했기 때문이다. 그러므로 전교조가 바뀌지 않는 한, 전교조에 대한 비판은 앞으로도 지속될 것이며, 결코 이 일을 낭비라고 생각하지 않을 것이다.

안티라고 불리는 분들이 등장한 지난 봄 이후 전교조 게시판은 질과 양에 있어서 매우 개선되었다고 생각한다. 이 분들은 식견도 갖추었지만, 그 열정과 헌신은 가히 인상적이다. 무엇보다도 교육과 나라에 대한 염려가 깊다. 좋은 소리를 하든 나쁜 소리를 하든, 나는 이 분들이 사사로이 '이익'을 위하여 그렇게 하지 않는다는 점에 대하여 의심해서는 안 된다고 본다. 교육 제도를 포함하는 폭넓은 문제들에 대하여 학생들의 부모인 국민이 직접 참여하여 결정권을 행사할 수 있는 가능성을 이 분들이 열어나가고 있는 바, 필시 머지않아 구체적인 결과로 나타날 것이다. 국민의 힘이 여기까지 미치는 것을 보는 것은 개인적으로 행복한 일이라고 생각한다. 이 분들의 등장으로 전교조는 편향과 독선과 자폐를 벗어날 수 있는 계기를 맞이하였다. 역시 크게 다행스러운 일이 아닐 수 없다. 우리의 미래가 결코 어둡지 않다고 믿을 근거를 나는 이 분들에게서 보게 되었다.

■ 이 나라의 공교육이 무너지는 많은 원인은 전교조에게 있다

[스전폭]

전교조에서 하는 일 치고 수상한 일 아닌 게 없어 걱정이 태산이건만, 이번엔 또 '대학평준화'를 들고 나온다 하니 이 사람들이 진짜 뭘 몰라서 저러는 바보들인지, 아니면 다른 어떤 수상한 의도가 있는지 걱정거리가 또 하나 생기게 되었다.

전교조의 대학평준화 주장의 명분이라는 것이 학부모들의 '일류병' 때문에 공교육이 무너지고 사교육이 그 자리를 대신하고 있다는 것인데, 과연 그럴까?

인간으로서 성공하며 한 인생을 살려고 하는 것은 인간의 기본적인 소망이다.

그것도 노력한 자가 더 많고 좋은 결실을 얻는다는 것은 하나의 '자연현상'이라고 말할 수 있으며, 인간 사회에서는 공산주의 체제가 아닌 곳에서는 이러한 자연적인 현상에 대해 누구도 딴지를 걸지 않는, 자업자득, 인과응보, 뿌린대로 거두리라 등등의 고래의 격언, 명구 등에서 보는 것처럼 지극히 당연한 것이다.

다른 나라들도 그렇지만, 특히 우리 나라의 경우는 열심히 공부한 대가로 '신분상승'이라는 열매를 수확할 수 있는 시스템이 꼭 필요한 나라이다. 가난한 집 아이들이 공부를 잘해 좋은 학교 들어가고 사회에 꼭 필요한 인재로 컸으면 원하는 직장, 원하는 전문직, 공직 할 것없이 본인이 원하는 대로 성공적으로 살 수 있는 시스템이 필요한 것이다.

이에 대해 대학 평준화라는 발상은 이러한 인간의 기본적 '소망'까지도 모두 없애자는 것이다.

즉, 대학 평준화가 되면 오직 부유층 아이들에게만 값비싼 사교육과 외국유학 등을 통해 튼튼한 학력을 갖게 하고 명문대학과 좋은 직장, 직업을 모두 차지하게 되며 결국에는 정치, 경제, 사회를 장악하는 권력을 쥐게 만드는 한편, 서민과 빈곤층의 아이들만 그나마 있었던 "신분 상승"의 기회를 잃게 되어 대를 물려 곤궁한 생활을 해야만 하는 악순환을 가져오게 하는 것이다.

이것은 이미 전교조의 "행복은 성적순이 아니랍니다"라는 달콤한 캐치프레이즈에 아이들은 기왕에 하기 싫던 학업을 더욱 멀리하고 학생들의 학력은 하향 평준화를 초래하게 되었다. 그래도 이 와중에 돈있고 힘있는 가정의 자식들은 학교에서 잘 안 가르치면 '돈으로 밀어서' 월 수백만 원대의 고급 과외와 방학 해외 어학 연수 등을 통해서 공부를 잘하게 되고 좋은 대학에 진학하여 사회에서 인정받는 인재가 되고 있는데, 가난한 집 자식들은 그렇게 할 돈이 없으니 그런 추가적인 배움의 기회를 원천 봉쇄당하고 결국 좋은 대학도 못가고 실패한 인생을 사는 경우가 태반인 것이다.

그러니 옛날에는 가난한 집 아이들이 공부를 잘했는데 요즘은 부잣집

아이들이 공부를 잘 한다는 이론이 정확히 맞아 떨어지는 것이다.

이 참담한 현상은 전교조가 만든 것이 아닌가?

이 나라의 공교육이 무너지는 많은 원인은 전교조에게 있다.

전교조라는 선생 탈을 쓴 노동자들의 집단이 학생을 가르치는 본래의 국가 공무원의 사명은 집어던지고 한 개인으로서의 권익, 그리고 전교조의 수상한 '사상성'에 충실하여 일을 만들고 행동해 왔기 때문에 결과적으로 오로지 학교를 파괴하는 짓만을 해 온 것이다.

지금도 보라.

표준수업시수 법제화[14]와 법정 정원 확보 투쟁?

결론적으로 지금도 힘드니까 수업 시간 줄여달라고 하는 것인데, 도대체 염치들이 있는 사람들인가?

모든 학습은 학교에서 끝낼 수 있도록 선생들이 자신들의 자존심과 명예를 걸고 강도 높은 교육을 시키는 것, 그것이 진정한 교육자의 자세 아니던가? 그렇게 하면 왜 학생들이 학원이나 과외 공부에 더 힘을 쏟겠는가 말이다.

학생들의 학력은 알아서들 해라 하고 팽개친 채, 오로지 본인들의 편안함만 추구하는 것이 그게 어디 선생의 자격들이 있는 것인가?

지금의 사교육 열풍은 "행복은 성적순이 아니랍니다"라며 전체 학생들의 학력을 하향 평준화 시켜 버린 전교조에 있고, 이미 공부도 돈이

---

14) 교사가 자신의 역량으로 1주일간 최대로 할 수 있는, 또는 반대로 최소한으로 책임져야 하는 주당 수업시간으로, 교사 업무 부담을 나타내는 핵심지표. 전교조는 초등학교18, 중학교 18, 고등학교 16시간을 요구 중이고, 교육부는 초24-중20-고18시간의 안을 내 놓고 있다. (2004년 6월 말 현재)

있어야 잘 할 수 있게끔 교육 환경을 조성한 책임도 전교조에 있다. 이제 '대학평준화'까지 되어 버린다면 사회 계층간의 갈등은 더욱 심화될 수밖에 없을 것이며, 전체적 학력 저하에 따른 국가경쟁력의 추락은 불 보듯 뻔한 일이 되고 말 것이다.

전교조는 제발 안되는 능력으로 수상한 정책 등을 만들어 나라 망하게 하는 짓은 더 이상 하지 말라. 전교조가 일 하나 할 때마다 국민들의 시름은 깊어지고 나라 망조의 기운이 짙어져 간다.

해체 전교조
전교조 없는 참 맑은 세상을 위하여…….

■ 예부터 스승은 임금과 아버지의 반열에 올랐다

[봄바람]

예부터 학생들을 가르치는 사람들을 국민들 남녀노소 모두가 공경하는 것은 하늘과 땅 사이에서 천륜과 인륜을 바로 세우고 지켜가는 만세의 스승이며 귀감이기 때문이었다.

그러한 까닭에 학문과 덕행을 몸소 실천하는 스승은 임금과 아버지의 반열에 올랐던 것이다.

그러나 오늘날 오직 교만(驕慢)으로 가득한 전교조라는 방자(放恣)한 무리들이 자신들의 안위를 위하여 날마다 비난과 음모와 폭력으로 스승의 지위와 위엄을 금수(禽獸)의 자리로 내동댕이쳐버리고 마침내는 스승은 임금과 아버지와 동격으로 학문의 삼강(三綱)이라는 자리에서 공경하지 못하게 하였으니 이 어찌 전교조의 폐단이 아니며 우리 교육의 불행이 아니겠는가?

지금 이 순간에도 전교조로 말미암은 학문의 해악은 이루 말로 다 할 수가 없는데도, 추악한 무리들은 이리저리 온갖 연줄을 대어 나라와 국민들을 유린하고 있으니 어찌 슬프지 않으리오.

돌이켜 보건데 전교조라는 무리들이 등장한 이래로 스승과 제자라는 사도(師道)는 고소고발로 난무하고 사람과 사람 사이의 윤리도 무시하고 온갖 패륜과 패악을 분별없이 자행하면서 지치고 피곤한 불쌍한 국민들을 속이고 유혹하여 곳곳마다 폭력과 투쟁을 일삼으니 이 나라 오천년 전통과 윤리가 남김없이 모두 없어질 뿐만 아니라, 귀족 노동자들의 선봉이 되어 헐벗고 굶주리는 서민 노동자들을 죽음으로 내몰고 이 지구상의 유일한 독재자 김정일을 존경하고 받드는 일들이 버젓이 일어나고 있으니 어느 국민이 통탄하지 않으리오.

하늘과 땅이 은덕(恩德)을 합쳐주고 귀신과 사람이 모두 함께 도와준다 하여도 급변하는 세계의 정세 속에서 살아남기조차 어려운 이 때에 오직 자신들의 영원불멸의 이익만을 위하여 패륜과 패악을 일삼는 사악하고 간교한 전교조의 무리들을 하루속히 배척하고 심판하지 않는다면 찬란한 오천 년의 역사와 다시 살아갈 천 년의 미래를 우리의 자손들은 어디에 가서 찾을 것인가?

이제라도 더 늦기 전에 모든 국민들이 분기(憤氣)하여 전교조를 해체하는 일에 일신(一身)의 노고(勞苦)를 아끼지 말아야 할 것이다.

해체 전교조
전교조 없는 참 맑은 세상을 위하여……..

■ 〈학생동지〉[15]가 뭐 어쩌고 어째?

[진등]

 철딱서니 없는 사람들의 앞 뒤 안 가리고 눈 앞의 이기만 탐하는 소리라고 치부하더라도, 교감이 학교에서 필요 없다 싶으면 없애자고 할 수도 있고, 교장을 괴롭혀야 되겠다 싶으면 조직적으로 하든, 은밀하게 하든 그럴 수도 있고, 교선보가 필요하다 싶으면 그렇게 하자고 할 수도 있고, 친일파를 해체해야겠다 싶으면 그 또한 주장할 수도 있고, 가진 자들 것을 빼앗아 서라도 없는 자와 나누어 가져야겠다고 생각하면 그렇게 주장할 수도 있다.
 그러나 "학생동지" 어쩌고 저쩌고 하는 것은 절대 용납될 수 없다.
 전교조가 참교육에서 멀어지고, 근본적으로 뒤틀리게 된 것이 바로 학생을 '동지'로 보기 시작하고 부터였음을 알아야 할 것이다. 학생을 제자로 보지 않고 자신들의 뜻을 관철시키기 위한 '동지'로 보는 순간 학생은 하나의 '도구'로 전락되는 것이다.
 그것의 폐해가 극명하게 나타나고 있지 않은가?
 어린 학생이 혈서[16] 쓴 것을 자랑스럽게 여길 수 있는 철면피가 바로

---

15) 2004년 5월 23일, 서울 장충체육관에서 전교조가 주체가 되어 열린 '교육주체결의대회'에서 사회자가 학생들을 일러 '학생동지'로 표현한 바 있음.
16) 2004년 인천외고에서 일부 학생들이 전교조 교사 2인의 '파면철회'를 주장하며 혈서를 쓴 일.

'동지'라는 인식에서 출발되었고, 만천하의 웃음거리가 된 교육자료 조작에 대하여 태연하게 넘어갈 수 있는 배짱도 학생을 '동지'라는 의식에서 동지들의 사상학습에 불과하다고 본 때문이다.

어린 여학생을 불러다 못된 짓을 하고도 불같이 비난하지 못하는 것도 동지사상에 의한 같은 맥락이라고 본다.

어른도 차마 눈 뜨고 볼 수 없는 참혹한 사진을 일말의 가책도 없이 태연하게 어린 학생들에게 들이밀 수 있는 비인간적 행위도 그들을 동지라고 보았기 때문이다.

그리고, 촛불 시위나 각종 투쟁 현장에 학생들을 아주 자연스럽게 데리고 나갈 수 있는 것 역시 그 동지사상때문이다.

그 외에도, 총선수업이니, 반전평화수업이니 하면서 비교육적이고 비인간적으로 저지른 일을 열거하자면 한 둘이 아니다.

그대들이 부르짖는 '참교육', '학교비리 근절', '기득권 수구세력의 척결' 등의 구호가 공허하고 우습게 들리는 것은 바로 그것이 근본적인 목적이 아니라 어린 제자들까지도 동지로 인식하여 자신들이 원하는 방향으로 끌고 가겠다는 투쟁의 포장재일 뿐이기 때문이다.

학생을 '동지'로 인식하는 순간 교육은 없다. 오직 사상학습 내지는 동지 훈련만 있을 뿐이다.

따라서, 학생을 동지로 인식하는 자는 이 나라의 선생이 될 수 없다. 아니, 선생의 자리에 그냥 두어서는 안 된다.

누가 그들에게 자신들의 동지를 양산하라고 자식을 맡겼으며, 누가 그들과 똑 같은 사고의 틀 속에 아이들을 가두라고 봉록을 주었더란 말인가.

이젠 어린 아이들 마저도 전교조를 지지하는 동지파와 그렇지 않은 반동파로 나뉘어 싸우게 할 참이더냐? 이 개돼지만도 못한 X들아.

■ 원영만 당신은 패악질을 멈추어라!

[스전폭]

무릇, 교육자라면 이렇게 가르쳐야 한다고 들었다.
"선하고 의롭게 잘 사는 방법을 질문하고 가르치고
사랑하고 용서하며 잘 사는 방법을 질문하고 가르치며,
정직하고 성실하게 잘 사는 방법을 질문하고 가르치고
싸우지 아니하고 이기는 방법을 알게 하고 가르치며,
사랑받고 존경받고 사는 잘 사는 방법을 질문하고 가르치고
괴로움 없고 눈물 없이 기쁘게 사는 방법을 질문하고 가르치며,
그 후에 세상을 살아가는 도구를 이용하는 방법을 가르치라"고.
그러나, 당신이 수장으로 있는 전교조는 어떠한가.
하는 행동 하나하나가 모두 그 반대로, 반교육 그 자체가 아닌가.

아무리 당신네들이 노조원들이라 하지만,
그 이전에 국가공무원인 교사이기에 역시 노조원 자격이 생긴 것이기에 당신들의 본분은 국가공무원 교사이지 노조원 그 본분이 아님을 분명히 알라.
당신들이 학생들을 교실 밖으로 내몰아, 배워야할 학생이 수업도 못받고 있고 온통 투쟁가요와 구호, 그리고 전교조 선전물로 도배된 혼란의

소용돌이가 된 학교 앞에서 전교조 수장이라는 원영만 당신이 앞장서서 어린 학생들에게 한다는 것이

"끝까지 선생님들과 함께 힘차게 투쟁하기를 바란다"[17]고 선동이나 하는 패악질이었다.

그러고도 당신 원영만과 전교조가 남을 가르칠 수 있는 자격이 있다고 생각하는가?

학부모들 앞에서 고개 들고 당당히 눈 마주칠 수 있는가?

윤금이 사진 교육으로 학생들 심성을 황폐화시켜 놓고

반전평화교육을 빙자해서 학생들 모두를 반미 일색의 바보로 만든 결과 이젠 어린 학생들이 당신네들로 인해 혈서[18]까지 쓰는 미친 짓도 똑바로 보았을 것이다.

착하고 순진한 학생들을 이리 험하고 생각 없게 만들어 놓았으니

그 책임을 당신네들이 무슨 수로 질 것인가.

앞으로 학생들이 전교조 당신들의 부추김으로 인해 투신이나 분신 자살을 한다면 당신은 그 아까운 목숨을 다시 살려 놓을 수 있는가?

자신이 없다면 당신의 전교조는 당장 해체시켜서 더 이상 우리 자녀들을 "학생동지"[19]의 이름으로 희생을 강요하지 말라.

해체 전교조

전교조 없는 참 맑은 세상을 위하여…….

---

17) 전교조 원영만 위원장이 2004년 5월 31일 인천외고 앞에서 발언한 바 있음.
18) 인천외고의 일부 학생들이 전교조 파면 교사들을 위해 동조 투쟁하다가 혈서를 쓴 일이 있음.
19) 2004년 5월 23일 전교조 주최의 '전국교육주체 결의대회'에서 공개적으로 사용된 용어임. 인천외고의 경우 일부 학생들이 전교조의 校外 행사에도 참여하는 등 적극적인 '동지적인 공동투쟁'을 전개한 바 있음.

■ 홀로먹기 2 - 날로 먹기[20]

[정문]

1
철밥통을
인정하자
애써 감추려던
내 철밥통의 무너진 부분을
이제는 지켜보며
교사평가제를 반대 하자
국민이 원한다 하더라도
교육부가 시행한다 해도
받아들일 수 없다는 걸
깨닫게 하기 까지
얼마나 많은 대굴빡을
또 밀어 조져야 하나[21]
철밥통을 잃어버린 순간은

---

20) 서정윤 시인의 시, '홀로서기'를 패러디한 듯.
21) 강경한 의사 표시의 '삭발 투쟁'을 뜻함.

공교육의 어떤 것도
중요하지 않다
내 가슴에 안고 있는
철밥통의 공고함에 안도감을 가지며
학생이 내 손에 있는 한
떠날 일이 없다

2
아무도
객관적인 생각으로
우리의 삶을
판단해서는 안된다
우리의 상황에 젖어보지 않고서
우리의 고민과 번뇌를
이해할 수 있을까
우리가 가졌던
그 숱한 수업의 시간을
느껴보지 않고는, 그 누구도
비난해서는 안된다
하루에 세 시간 수업하고
주 5일 근무하고 잡무는 없고
그래도 가슴 아득한 곳에서
더 놀고 싶은 희망은 방학이 있다
조합의 떼거지로 우리를

방비했다면
그것은
가장 완전한 방비인 것이다

3
조합이 있어
놀고 있는 우리들
더욱 더 철저히 즐기면서
놀아 보자
노는 것으로 우리가
구원을 받을 수 있을 때까지
국민이 내는 세금이 많다고
우리가 희생 한다는 것이
얼마나 어리석은가
아닌 것은 아닌 것일 뿐
국민의 고통은
국민의 것이다
그로 인해 일어난 내 속의 갈등은
국민의 세수저항을 크게 할 뿐
아닌 것은 언제나
아닌 것이다
세금으로 인한 고통이 아무리 클지라도
철밥통은 굳건하고 공고하게 지켜져야 한다

4
나는 교장을 볼
낯짝이 없다
매일 만나기도 하고
늘 학교에 있어서
나의 긴 교직생활에 따라 다니며
내 즐거운 놀고먹기와 기회주의를
보고 질책할 그를, 내
무슨 명분으로 거꾸러 뜨리리
근무를 잘함으로 인해
교장승진을 하고 싶지만
자랑스레 내어 놓을 것이라고는
하나도 없기에
좀 더 빡시게
가열찬 투쟁을 하는 것
교선보를 밀어부쳐 이루어지면
우리끼리 돌아 가면서 교장을
해먹으면서 좀더 놀아 조지고
〈우리가〉 더욱 가열찬 투쟁으로 우리끼리
뭉치며 투쟁할 것이다, 우리끼리

5
우리가 투사이기에 벌어진
인천외고에 대한 파행으로

학생이 인생의 어두운 그림자를
영원히 간직하게 되어도
그 모두
우리로 인함이 아니고
누구도 우리를 원망할 수 없으리
그 모든 것은 우리를 제외한 모든 것에만
책임을
지어야만 한다
우리는, 유황불에 주둥아리가 타더라도
모든 핑계는 다른 곳으로 죽어도 돌려야 한다
우리가 있는
그 어디에도
우리가 저지른 잘못은 하나도 없고
우리를 투사로 만든, 우리만 제외한
나머지 모든 것에 잘못이 있다.

제 2장
학생들은 '도구'인가?

완벽하게 똑같은 두 장의 사진!
팔레스타인 어린이가 이라크 어린이로 둔갑하다.
전교조는 왜 이렇게 만들어야만 했을까?

걸프전때 탱크에 돌을 던지는 아이

위의 사진은 "(1991년 미국과 이라크가 벌였던) 걸프전때 (미군) 탱크에 돌을 던지는 (이라크) 아이"라는 뜻의 사진으로 전교조의 '반전평화공동수업 자료집'에 수록되어 있는 사진이다.

이 사진은 사진 작가 Musa Al-Shaer가 촬영한 사진, 사진 속의 탱크는 이스라엘 탱크이며, 어린이는 팔레스타인 아이이다.

● 참교육이면 다 좋은 줄 알았는데
[편저자 김동렬]

전교조의 상징은 '참교육'이다.

그러니 이 '참교육'이라는 용어 자체부터 먼저 짚고 넘어가자.

'참'이라는 말은 '참된', '진짜'라는 뜻이므로, '참교육'은 '참된 교육, 진짜 교육'이라는 뜻처럼 들린다. 한편 기존의 교육은 저절로 '참되지 않은 교육'으로 간주될 가능성이 있다.

즉, '참교육'이라는 것은 전교조라는 한 노동조합이 지향하는 이념교육의 형태에 불과함에도 불구, 그 내용을 제대로 알지 못하는 사람들에게는 무조건 '좋은', '참된' 교육인 것처럼 인식될 가능성이 크다는 것이다.

더우기 문제는 전교조의 '참교육'이란 정의 자체도 구체적으로 밝힌 것이 없다는 것이다. 단지 민주, 민족, 인간화 교육이라는 3대 이념적 과제를 두면서, 전교조가 지향할 교육이라는 것을 보다 모양새 있게 꾸며 만든 말 정도라고 알려지고 있다.

그러면 전교조가 말하는 '참교육'의 민주, 민족, 인간화 교육이라는 것은 무엇인가.

그것은 일종의 공동체, 또는 사회지향적 교육의 한 주장이라고 할 수 있다. 즉, 국가, 민족, 그리고 사회라고 하는 대공동체의 차원에서 보는 이념적 과제를 가진 교육인 것이다.

이 '참교육'의 실천 결과로는 다음과 같은 예를 들 수 있다.

- 민주주의의 절차 참여의 중요성을 밝힌다는 목적의 '총선수업'은 '민주교육'이 되고, 우리 민족끼리 자주적으로 통일하자는 '통일교육'은 '민족교육'이 되며, 노동계의 실태와 노동자의 권리들을 가르치는 '노동교육'은 '인간화교육'이 되는 것이다.

전교조는 이러한 이념적 과제의 결과물인 '참교육'을 '가치지향교육'이라고 말한다.

가치지향교육이란 '보편적 가치'를 지향하고 선택하여 바람직한 정신상태를 도덕적으로 온당한 방법으로 의도적으로 실현하는 교육을 말한다. '보편적 가치'란 사회 구성원들이 공유하거나 합의하여 보편적으로 받아들이고 있는 가치를 말한다. 여기에서 참교육, 즉 민주, 민족, 인간화 교육이라는 것은 용어 자체만 놓고 본다면 일견 '보편적 가치'를 담은 교육으로 문제가 없어 보일 수도 있다. 하지만 실제 내용에서 국가와 국민의 합의를 얻은 '보편적 가치'가 아닌 경우에는 심각한 문제가 발생한다. 즉, 특정 정파의 사상, 이념을 지지하거나 반대하기 위하여 학생을 지도하거나 선동하는 목적으로 교육이 행해질 때에는 '가치지향교육'이 아닌 '가치편향교육'으로 되어버리는 바, 이는 교육의 자주성, 전문성, 정치적 중립성을 정면에서 훼손하는 이탈한 '反교육'이 되어버리는 것이다.

예를 들어 '이라크 반전평화 공동수업'이라는 교육을 보자.

'반전평화' 자체는 우리 국민들이 공유하고 합의하여 보편적으로 받아들이고 있는 '보편적 가치'이므로 이를 학교에서 학생들에게 반전평화의 정신을 키워줄 목적으로 가르친다면 이는 가치지향교육이 되는 것이다. 그런데, 유감스럽게도 전교조의 '이라크 반전평화 공동수업'의 자료들을 보면 '반전평화'의 정신을 키워주는 데에 그 목적이 있다기 보다는 학생들이 미국을 증오하는 마음을 갖도록 최적화되어 있음을 알게 된다.

이렇게 전교조는 그들의 일방적인 '반미' 정서를 학생들에게 그대로 전달해 주는 '가치편향교육'을 하여 교육의 기본인 가치 중립을 이탈했다는 점에서 국민들로부터 큰 우려를 사고 있는 것이다.

가치편향교육이 위험하고 나쁘다는 이유는 어떤 사물을 판단함에 있어 인간이 가지는 자유로운 의사판단능력을 훼손시킨다는 데에 있다. 성장기의 학생들은 많은 훈련과 학습, 다양한 지식 등을 통해 장차 확고한 가치관을 갖게 되는 것이다. 따라서 어린이나 청소년기에 받는 특정 이념 등 편향된 가치의 교육은 곧 우리 아이들의 자아실현기회를 빼앗는 범죄행위에 다름 아니다. 더우기 두뇌 발달이 미성숙한 어린 학생들이 선생님으로부터 배운 것은 평생 머리에 각인되는 경우가 많으므로 잘못된 교육은 한 개인의 인생을 망칠 수도 있다는 점이 더욱 그렇다. 따라서 교육기본법 제6조 (교육의 중립성)에서도 '교육은 교육 본래의 목적에 따라 그 기능을 다하도록 운영되어야 하며, 어떠한 정치적, 파당적 또는 개인적 편견의 전파를 위한 방편으로 이용되어서는 아니된다'라고 강제하여 명시하고 있는 것이다.

전교조의 '참교육.'

근간에 전교조가 만든 공동수업자료 내용들을 전교조의 보도자료, 그리고 각종 시위 참여 모습들과 함께 종합해 보면 전교조의 '참교육' 이라는 것은 이미 '가치지향교육' 이 아니라 '가치편향교육' 으로 변질되었다는 바판을 사기에 충분하다고 본다.

즉, 민주교육이란 기존의 반공 이념에 맞서 싸우자는 사회주의 민중투쟁 교육으로, 민족교육이란 반제국주의 민족해방투쟁 정신을 심어주려는 반미 친북 교육으로, 인간화교육이란 자본주의사회의 모순과 소외를 극복하자며 노동해방투쟁 교육으로 각각 '가치편향교육' 으로 변질되어 있지 않은가 하는 것이다.

■ 전교조의 범법행위

[ohara]

대한민국의 교육기본법(법률 제 6738호)은 총칙편 제 6조에서 교육의 중립성을 다음과 같이 규정하고 있다.

제6조 (교육의 중립성) ①교육은 교육 본래의 목적에 따라 그 기능을 다하도록 운영되어야 하며, 어떠한 정치적·파당적 또는 개인적 편견의 전파를 위한 방편으로 이용되어서는 아니된다.

또한 이 법은 제13조에서는 부모 등 보호자의 권리와 책임을, 제14조에서는 교원의 신분 등에 관하여 규정하고 있다.

제13조 (보호자) ①부모 등 보호자는 그 보호하는 자녀 또는 아동이 바른 인성을 가지고 건강하게 성장하도록 교육할 권리와 책임을 가진다.
②부모 등 보호자는 그 보호하는 자녀 또는 아동의 교육에 관하여 학교에 의견을 제시할 수 있으며, 학교는 이를 존중하여야 한다.

제14조 (교원)
③교원은 특정 정당 또는 정파를 지지하거나 반대하기 위하여 학생을 지도하거나 선동하여서는 아니된다.

전교조의 '반전전평화공동수업' 자료집을 사용한 맹목적 증오 유발을 통한 반미교육은 교육기본법 제6조를 위반한 것이다. 윤금이 씨 피살 현장 사진을 이용한 교육과 두 여중생 참화 촛불시위 등을 이용한 의식화 교육 역시 제6조 및 제14조 3항을 명백히 위반한 것이며, 민족과 통일 교육을 빙자한 불온한 이념 및 의식화 교육을 실시한 것 역시 이 법률에 반한다고 볼 수 있다.

또한 이런 전교조의 교육적 횡포에 대한 국민과 학부모의 비판과 시정 요구는 역시 이 법 제13조에 규정된 부모 및 보호자의 권리와 책임 부분에 따라 지극히 정당한 것이다. 즉 학부모는 전교조에게 윤금이 씨의 참혹한 피살사진, 두 여중생 참화, 반전평화, 민족 통일을 이용한 반미교육 및 친북 성향의 교육 등을 즉시 중단해 줄 것과 이미 실시된 교육에 대한 과오의 시인을 촉구하고 재발 방지 약속과 재발 방지를 위한 적절한 조치를 취해줄 것을 요구할 권리가 있는 것이다.

또한 이 게시판에서 전교조의 교육 횡포를 비판하고 비난하는 것은 부모 및 보호자로서 법률에 명시된 정당한 권리를 행사하는 것이므로 교육을 직접 담당하는 조합원들의 대변인임을 자처하는 전교조는 이 권리 행사를 방해할 어떤 권리도 없다.

■ 촛불시위 잘 다녀 오십시오

[ohara]

촛불시위에 참가할 우리 아이들에게

 오늘은 심미선, 신효순 두 어린 여학생들이 작전 중이던 미군의 궤도차량에 치어 참혹하게 운명을 달리한 지 꼭 1년이 되는 날입니다. 두 어린 여학생이 하늘나라에서는 맑고 밝은 웃음을 잃지 않고 행복하게 지내기를 바라며, 명복을 빕니다.

 심미선 (14, 조양중 2)
 신효순 (14, 조양중 2)

 이제 그 두 여학생의 참혹한 죽음을 추모하고, SOFA 개정을 촉구하며, 미군당국의 교만하고 오만했던 자세를 질타하고, 대등한 한미관계 구축을 촉구하는 촛불시위에 동참할 여러분께 몇 마디 당부를 드릴 것이 있어 이렇게 글을 씁니다.

 열강의 침략과 한반도를 둘러 싼 세력 다툼, 일제의 강점과 분단, 그리고 6.25 동란이라는 동족상잔과 이제는 상상조차 하기 힘든 빈곤으로

점철된 지난 100여 년간의 우리 역사를 여러분은 책으로나 할머니, 할아버지, 부모님, 선생님들로부터 들어서 알고 있으리라 생각합니다. 아마 여러분이 풍요의 시대에 태어난 대한민국 최초의 세대겠지요. 이런 어쩔수 없었던 우리의 처지와 역사로 인해 지난 수십 년간 남의 나라 군대가 주둔해 있고, 또 당분간은 문제가 해결될 가능성이 보이지 않습니다. 이들의 주둔으로 인해 크고 작은 충돌과 범죄가 많이 발생하고 있으며, 갖가지 피해와 분쟁이 발생하고 있습니다.

미군의 주둔으로 인해 우리가 받는 도움때문에 그들이 저지르는 잘못을 묵과해서는 안됩니다. 그것은 양식 있는 미국인이라면 그들도 원하는 것이 아닐 것입니다. 남에게 베푸는 조그만 도움으로 당장의 편의를 도모하는 것은 언젠가는 더 크게 되갚아야 할 것이라는 점을 그들도 알고 있으니까요. 또한 그들의 주둔에 자신들의 이해득실도 걸려 있다는 점 때문에 우리가 그들로부터 받는 도움을 과소평가해서도 안됩니다. 정정당당히 요구할 것은 요구하고 고마운 것은 고맙다고 할 줄 알아야 합니다.

대통령의 미국 방문을 앞두고 사전 준비차 미국을 방문한 한국 관료에게 콘돌리자 라이스 미 백악관 안보담당 보좌관은 미군 궤도차량에 희생당한 두 여중생의 이름을 아느냐고 물었답니다. 물론 우리 관료는 대답했지요. 그러자 라이스 보좌관은 지난해 서해교전 때 사망한 국군병사들의 이름을 아느냐고 물었답니다.

모든 것은 여기에서 끝이 났습니다. 단 두 마디 질문으로 누가 합리적인 생각을 갖고 있는지, 누가 균형잡힌 시각과 사고를 갖고 있는지, 누가 도덕적 우위에 있는지, 누가 바른 생각을 갖고 있는지, 이 모든 것이 분명해지고 말았지요. 그렇다고 해서 한국 관료가 자신의 할 일을 못한 채 순순히 물러나지는 않았을 것입니다. 그러나 이미 기선을 제압당한 상태에서 그가 할 수 있는 것은 그리 많지 않았을 것입니다. 그 자리가 끝날 때까지, 아니 오늘 이 순간까지 그의 머리속에는 허를 찔린 데 대한 부끄러움과 나라에 대한 죄책감이 가득 찼을 것이며, 영원히 그의 머리속에서 떠나지 않을 것입니다. 제가 그 자리에 있었더라도 역시 마찬가지였을 것입니다. 어떤 궤변으로건 그 부끄러움을 모면하려 했겠지만, 부끄러움이란 본인이 느끼는 것이지 남이 주는 것은 아니니까요.

그런 뜻에서 여기 다시 서해교전에서 순국한 국군장교와 병사들의 이름을 올려 봅니다. 심미선, 신효순 양과 함께 이들의 사진을 올리고 싶으나 너무 감정적이 될 것 같아서 자제합니다. 그러나 최소한 한 줄씩은 차지하게 해 드려야 예우가 되겠지요?

소 령 : 윤 영 하 (해 사 50기)
중 사 : 한 상 국 (부사관 155기)
중 사 : 조 천 형 (부사관 173기)
중 사 : 황 도 현 (부사관 183기)
중 사 : 서 후 원 (부사관 189기)
병 장 : 박 동 혁 (해상병 456기)

님들의 명복을 빕니다.

만약 라이스 보좌관이 서해교전에서 전사한 우리 병사들의 이름 대신 한국동란에서 전사한 수많은 미군병사들의 이름 중 단 한 사람이라도 기억하는 이름이 있느냐고 물었다면 어떻게 되었을까요? 라이스 보좌관이 그걸 생각지 못해서 서해교전을 언급했던 것일까요? 아닐 겁니다. 곧 혹스러워할 상대방의 처지를 고려해서 한 번 봐 준 것입니다.

신미선, 심효순 이 어린 여학생의 희생을 추모하는 촛불시위에 참석하실 여러분! 여러분께 두 가지만 말씀드리고 싶습니다.

어떤 경우에도 두 여학생의 참혹한 죽음을 추모하고, SOFA의 불합리한 부분 개정을 촉구하며, 미군당국의 교만하고 오만했던 자세를 질타하고, 대등한 한미관계 구축을 촉구하는 여러분의 순수한 마음이 불순한 의도를 가진 사람들에 의해서 악용되는 일이 없도록 해주십시오. 여러분의 따뜻하고, 곱고, 순수한 마음과 미선이, 효순이의 안타까운 죽음이 값싸게 팔려나가는 일이 없도록 해 주시기를 바랍니다.

여러분이 이 나라의 지도자가 되었을 때 라이스 보좌관같은 사람에게 맥없이 당하는 사람이 되지 않도록 지금부터 노력해 주십시오. 여러분의 생각과 의견이 최대한의 객관성, 균형성, 다양성, 합리성을 담고 있도록 노력해 주십시오. 자기만의 좁은 안목과 생각을 강요하는 사람들의 목소리를 이제는 가려 들으시기 바랍니다.

이 두 가지를 염두에 두고 촛불시위에 참석하는 여러분께 격려의 박수를 보냅니다. 조심해서 잘 다녀 오십시오.

■ 초중등교육에서의 이념교육은 어디까지 허용되어야 하나?

[ohara]

이념교육과 가치관교육은 무엇이며 초중등 교육에서 교사의 가치관교육은 어디까지 허용되어야 하는가?

이념이란 아주 고차원적인 철학적 이념에서부터 교육이념이나 경영이념과 같은 특정 분야의 운영철학과 목표에 이르기까지 다양한 차원에 걸친 폭넓은 개념이다. 그 중 전교조 문제와 관련된 이념은 정치적 이념, 예를 들면 자유민주주의냐, 공산주의냐, 사회주의냐, 무정부주의냐 등과 같은 정치적 혹은 사상적 주의주장을 의미하는 것이다.

〈대학에서의 이념교육은 거의 제한없이 자유롭게 이루어지고 있다〉
일반적으로 위의 이념들에 대한 소개는 대학에서는 정치학은 물론 경제학, 사회학 분야 등에서 자유롭게 이루어지고 있다. 대학에서 이러한 교육이 허용되는 것은 대학구성원의 판단능력과 지적수준을 인정하고, 개개인의 행동에 대한 책임을 물을 수 있기 때문이다. 그러나 대학에서의 이러한 교육 역시 무한정, 무조건적으로 허용되지는 않는다. 대학에서의 교육도 특정 사상을 고무하거나 전파할 목적으로 이루어지는 것이 아니며, 인간의 사상적 발전 단계로서 그 장단점을 파악하고, 사회적 역사적 배경을 이해함으로서 인류를 위한, 또는 국가 사회를 위한 보다 나은 이념적 체계의 확립을 위한 것이라고 보아야 한다. 이와 같은 목적을 벗어난 교육은 대학에서도 법적 제재는 물론 형사처벌도 받은 바 있다. 강단을 자신의 주의주장을 전파할 목적으로 사용한다면 학계는 물론 학생들로부터도 단호히 배척될 것이다.

〈초중고에서의 무분별한 이념교육은 허용되어서는 안 된다〉

그러나 전교조 문제와 관련된 것은 초중고 교육이다. 경제학에서의 분배의 문제와 관련되어 자연스럽게 나오는 사회주의적 관점, 혹은 공산주의적 관점, 정치학 또는 사회학에서 나오는 왕정, 봉건 전체주의 타파 과정에서의 사회주의와 공산주의의 대두와 같은 것을 과연 초중고에서 설명할 수 있을까? 교육은 교육자와 피교육자, 교육내용이 삼위일체가 되어야 한다. 따라서 초중고에서 이념교육을 하려면 피교육자의 지적수준과 이해능력을 감안한 특별한 교재가 만들어져야 할 것이며, 교육자 역시 이 분야에 대해 충분한 전문 교육을 받아야만 가능할 것이다. 설사 그렇다고 하더라도 이념이란 날카로운 양날의 칼과 같아서 쉽게 사람을 상하게 할 수 있으므로 매우 조심스럽게 다루어야 한다. 군인이라고 해서 아무나 폭탄 전문가가 되는 것이 아니며, 공무원이 취급할 수 있는 비밀에도 급수가 있는 것이다.

물론 초중고에서도 이상의 여러 가지 사상들을 인간의 정치사상 발전과정에서 그 역사적 배경과 더불어 자연스럽게 설명할 수는 있을 것이다. 장단점을 설명하고, 지금까지의 인류의 실험결과와 잠정적인 결론 정도는 얘기할 수 있을 것이다. 그러나 그 어떤 경우라도 교사가 특정 이념을 전파하거나, 국가 사회에 의해 합의되지 않은 이념을 교육하고, 피교육자를 유도, 선동하거나 세뇌시키는 것은 허용되지 않는다.

〈이념과 가치관은 동일하지 않다.〉

교사뿐만 아니라 세상 누구든 개인적 가치관이나 이념은 자유로이 가질 수 있다. 물론 우리 나라의 경우 헌법 등에서 이념에 제한을 두기도 하지만 개인적 이념에 대해서는 최근의 우리 사회는 묵시적으로 용인의 폭을 넓혀가고 있다. 비록 공산주의를 찬양한다고 하더라도 그것이 개인의견 수준에 머물러 있고, 사회의 안녕 질서를 문란, 위태롭게 하지 않는 한 묵인하는 경향이 있다는 것이다. 하지만 이념을 가질 수 있는 자유와 가르칠 수 있는 자유(또는 권리)는 분명히, 그리고 엄격히 분리되어야 한다.

사회 일각에서는 이념과 가치관을 동일시하는 경향이 있다. 특히 전교조는 의도적으로 이념과 가치관을 동일시함으로써 이념의 중요성을 희석시키려 시도하고 있다. 이념과 가치관은 구분해야 한다. 가치관이란 개인이 세상에 대하여 가지는 가장 근본적인 평가기준이다. 이념이 달라도 같은 가치관을 가질 수 있으며 그 반대일 수도 있다. 즉 이념에 상관있는 가치관과 상관없는 가치관으로 나누어 볼 수 있다는 얘기이다.

예를 들면 인간존중, 반전, 평화, 경로사상, 인종차별 철폐 등과 같은 가치관은 믿는 정도의 차이는 있을지언정 이념에 상관없는 가치관이다. 한편 이념과 밀접한 관계를 가진 가치관도 있다. 동서독이 통일된 후 서독의 한 기업가가 동독의 한 근로자의 칼에 찔려 사망한 일이 있었다. 그 근로자의 범행동기는 '동일한 노동에 대하여 지불되는 임금이 동, 서독간에 차이가 난다' 는 것 때문이었다. 그러나 서독 기업가의 눈으로 볼 때에는 '생산성이 다르면 임금도 다를 수밖에 없다' 는 점에서 임금의 차이는 당연한 것이었다. 이 예는 이념에 따라 가치관이 극명하게 다른 경우이다.

　이런 모든 것들을 종합해 볼 때 우리는 다음 두 가지를 나누어 살펴보아야 한다.

1. 이념과 관련 없는 가치관

　첫째는 이념과 상관없는 인간의 가치관 문제이다. 인간존중, 반전, 평화, 경로사상, 인종차별 철폐 등의 문제에 관한 가치관 교육에 반대하는 목소리는 세계 어디에서나 실질적으로 없다고 봐야 한다.(종교적 가치관 문제는 나라에 따라 접근방법이 다르다.) 도덕과 윤리에 관한 모든 교육이 이 분류에 속한다.

　이런 교육의 경우 교사 개인의 주관적인 견해가 소개된다고 하더라도 가치관 자체를 부정하지 않는 한 큰 문제가 되지 않을 것이다. 물론 객관적 지식의 전달이 우선되어야 할 초중고 수업시간이 교사의 개인적 가치관 소개에 너무 많이 할애된다면 바람직한 일은 아니겠으나, 그 정도의 재량권은 허용되어야 할 것이다. 예를 들면 교사의 교장에 대한 차 한 잔 대접에 관한 의견은 교사에 따라 다를 수 있으나, 이를 문제 삼을 수는 없다. 하지만 윤금이 씨 피살 사진을 이용한 수업의 경우는 완전히 다르다. 일본군에 의해 살해된 독립군의 시신을 찍은 사진이나 독일군에 의해 자행된 참혹한 유태인 학살 사진, 또는 KKK단의 만행 사진 등이 아무런 이견 없이 각국의 교육내용에 포함되는 것은 그것이 인간성에 대한 범죄이기 때문이다. 반면 극히 개인적인 범죄에 불과한 윤금이 씨 피살 현장 사진을 이러한 가치관의 범주에 넣어 수업에 활용할 수는 없다.

2. 이념과 관련된 가치관

두번째, 그리고 중요한 문제는 이념과 관련 있는 가치관이다. 이념과 관련 있는 가치관의 충돌은 앞서 언급한 독일 기업가의 피살사건에서 보듯이 많은 사회적 혼란을 야기시킬 수 있다. 임금을 보는 시각이나 사유재산권을 보는 시각, 정부 정책을 보는 시각, 기업을 보는 시각, 사회 각 집단을 보는 시각 등에 이념적 차이에 기인한 근본적인 차이가 있다면 사회 집단간의 갈등과 대립, 충돌은 쉽게 예상할 수 있는 결과이며, 궁극적으로는 사회 분열을 초래할 것이다. 따라서 이렇게 중요하고 민감한 문제는 초중등교육에서 쉽게 다루어 질 수 있는 분야가 아니다. 더욱이 초중등교육의 대상은 나이 어린 학생들이며, 이 때 형성된 사고나 관점은 쉽게 변하지 않는다는 점에서 일개 교원단체나 교사 개인의 주관적 입장에서 출발한 교육은 결코 허용되어서는 안 되는 것이다. 세계 어디에도 이념에 관한 교육내용과 방법을 일개 교원단체나 교사 개인에게 일임하고 있는 멍청한 나라는 없다.

대한민국이 유럽 여러 나라나 일본, 미국과 같이 경제력, 군사력, 문화력에서 홀로 설 수 있고, 지금처럼 안보위협에 시달리지 않는다면 수용할 수 있는 이념적 스펙트럼은 좀 더 넓을 수 있다. 물질적 성공은 문화적 자기주장을 낳는다는 사뮤엘 헌팅턴의 말에서 보듯이, 현재에도 국민소득이 3만불 수준만 된다면 이념적 다양성을 용인할 수 있는 폭과 사회적 능력은 좀 더 넓을 것이고, 작금에 벌어지고 있는 전교조를 둘러싼 이념논쟁도 그리 심각한 문제가 되지 않았을 수도 있다. 오히려 단점을 보완할 수 있는 또 다른 시각으로 진지하게 받아들여지고 논의되었을 수도 있다. 그러나 그런 시절이 오기 전에는 대한민국의 이념은 헌법에 규정된 자유민주주의이다. 대한민국 어느 누구도, 심지어는 대통령도

이 이념에서 자유로울 수는 없다. 초중고 교사는 말해서 무엇하랴. 또한 교육 역시 이러한 자유민주주의 이념의 테두리 내에서 가치관 교육이 실시되어야 한다. 초중고 교사는 국가사회가 허락하지 않는 이념과 관련된 가치관 교육의 자유는 물론 권리도 없다. 또한 사회가 허용하는 이념의 경계선을 확인이나 하려는 듯이 아슬아슬 넘나드는 교원단체의 만행 역시 즉시 중단되어야 한다.

■ 전교조 집행부에 보내는 공개 질의서

[새미래]

 이 질의서는 이 나라의 장래를 걱정하는 수많은 국민들이 수만 건의 온라인 항의 서신을 통해 귀측에 전달한 내용을 간추려 집약한 것으로 귀측의 활동과 관련한 몇 가지 측면에서 질의드리오니 귀 조합의 공식 입장을 밝혀 주시기 바랍니다. 지난 7개월간 누차에 걸쳐 질의했으나 단 한번도 공식 답변이 없이 무대응으로 일관한 점 대단히 유감스럽게 생각합니다. 본 질의에 대한 상세한 공식 해명은 전교조 측으로서는 자신들의 진실을(진실하다면) 알릴 수 있는 기회도 된다는 점을 밝히는 바이며 조속한 시일 내에 공식 답변이 있기를 기대합니다.

 1. 서해교전으로 우리측 장병 6명이 무고한 전사를 했을 때는 침묵을 지키다가, 여중생 사고사 사건과 윤락녀 살인사건에 대해서는 적극적으로 어린 학생들에게 교육시킨 이유는 무엇인가?
 2. 여중생 사건과 윤금이 씨 사건, 주둔군협정(SOFA)과 관련하여 사실을 객관적으로 알리려는 충분한 노력을 했나? 했으면 어떤 노력을 했나?
 3. 현재 김정일의 압제하에서 매년 수십만의 동포가 죽어가고 있는데 (최근 8년간 인구300만 감소) 주한미군에 의한 범죄와 사고 사건을 과

대 선전하면서 북한의 인권말살에 계속 침묵하고, 그들의 정치선전에 적극 동조하는 이유는 무엇인가.

4. 남북대화에 장애가 된다는 이유로 북한 인권에 침묵했다면 성명 등을 통한 공식 입장 표명은 유보한다 치더라도, 어린 학생들에게는 북한의 실상에 대해 진실된 내용을 가르칠 교사로서의 의무가 있다고 보는데, 북한 인권말살은 접어두고 친 김정일 사상을 교육시킨 이유는 무엇인가? 또한 어린 학생들에게 특정 사상을 주입시키는 것이 옳은 일인가?

5. 만약 남북화해에 장애가 될 우려 때문에 북한의 인권에 침묵한다면 앞으로 그보다 더한 폭정속에 천만 동포가 죽어가더라도 계속 침묵할 것인가? 그리고 주한 미군에 의한 사고가 또 발생하면 여전히 같은 입장을 취할 것인가?

6. 여중생 사건과 기지촌 매춘부의 잔혹한 유해를 철모르는 아이들에게 보여주고 교육시키는 것이 합당한 일이며, 그것이 그렇게 필요한 교육인가?

7. 반미나 주한미군 철수를 주장하지 않았고 반전교육만 시켰다고 하는데, 미국은 아주 나쁘고 북한에 대해서는 찬양하는 귀 단체의 북핵교양자료에 대해서는 어떤 입장인가?

8. 귀 단체의 홈피에 있는 반미 (귀측의 주장으로는 반미가 아닌 반전) 교육 비디오에 보면 전쟁으로 인해서 미국의 어느 어느 군수회사에서 얼마 얼마씩을 벌었고 미국은 전쟁을 즐기거나 원하는 나라라는 식의 내용으로 구성되어 있는데 이것은 반미 교육이 아니라고 생각하나? 또한 어린 학생들에 대한 이러한 편파적 시각의 교육이 과연 합당한 일인가?

9. 미국에 대해 올바르게 교육시킬 목적이라면 소수의 범죄나 사망사

고 사건 외에 미국의 국제사회에 대한 공헌도나, 우리의 자유와 평화를 지켜주기 위해 수만명이 전사한 일 등의 긍정적인 면도 같이 교육시키는 것이 균형잡힌 교육이라 보는데, 이에 대한 전교조의 견해는 무엇인가?

10. 전교조가 아이들에게 교육시키는 내용은 전교조 내부에서 임의대로 정할 수 있는 문제라고 생각하나?

11. 교사는 교육을 시키라고 국민이 만든 직분인데, 누구에게도 위임 받지 않은 이념교육과 의식화 교육이 명백한 현행법 위반임을 알고 한 것인가 모르고 한 것인가. 알고 했다면 그 이유는 무엇인가?

12. 전교조가 주장하는 불가침협정 체결은 미군철수를 목적으로한 북한의 대남 전략의 일환인데 전교조는 무슨 이유로 이러한 주장을 하는가.

13. 반미 교육을 안했다고 했는데, 반미 교육을 했다는 구체적인 증거가 나오면 지도부가 책임지고 총 사퇴할 의사가 있는가?

14. 교육의 수요자인 학부모가 전교조 교사를 강제적으로 선택 해야만 하는 상황과, 전교조 교사를 거부할 수 있는 상황 중 어느 쪽이 순리라고 보는가?

15. 교사들을 능력에 따라 차등대우하는 경쟁시스템과 종신제 철밥통을 무조건 평생 유지케 하는 방안 중 어느 쪽이 교육의 질을 향상시키고 국민들에게 도움이 되는 방안이라고 보는가? (국민의 고귀한 인권까지 걱정해주는 단체이므로 집단이기주의를 벗어난 국민의 편에서 생각해 줄 줄 믿는다.)

16. 전교조의 투쟁은 본인들을 위한 것인가. 아이들을 위한 것인가? 아이들을 위한 투쟁이라면 학업에 지장없는 범위의 시간이나 방학 등 빈 시간을 이용할 의사는 없는가? (교장단 시위는 일요일이었음)

17. 다른 방법이 있음에도 연가투쟁 등 전교조가 사랑한다는 아이들을 볼모로 삼는 이러한 행위의 명분은 무엇인가?

18. 전교조가 이념, 반전,반미,친김정일교육 등의 사안에 대한 국민들의 질의와 성토에는 침묵하고 제도 등의 작은 문제로만 초점을 맞추는 이유는 무엇인가.

19. NEIS 투쟁의 진의는 무엇인가? (서 교장사건과, 친김정일교육, 반미교육, 반미 선동 등으로 악화된 국민여론의 관심을 돌리기 위한 전략이며, 관리통제당하는 게 싫고, 상호 비교되어 경쟁체제로 유도 되는 것을 꺼리는 것이 본심이며, 또한 그럴듯한 구호를 통해 집단의 이미지를 호도하기 위한 방편으로 인권을 구호로 내걸었다는 비판이 있는데……, 즉 자신들의 철밥통 유지를 위한 집단이기주의 투쟁이 본질임에도 본질을 호도하고 일반인을 선동하기 위해 학생의 인권을 구실로 내걸었다는 비판이 있는데……)

20. NEIS 전면폐기를 주장하는 전교조의 NEIS 대안은 무엇인가?

21. 전교조가 김정일 추종집단 또는 그 앞잡이가 아니라는 점을 분명히 선언하고 후속조치를 취할 의향이 있나?

22. 우리의 주적은 누구라고 보나?

23. 주한미군의 철수를 원하나, 주둔을 원하나?

24. 북한 김정일 정권을 어떻게 보며(규정하며) 어떤 입장인가?

25. 북한 인권을 해결하기 위한 방법으로 전교조가 취하는 입장은 무엇인가?

26. 북한 핵문제에 대한 전교조의 입장은 무엇인가?

27. 학생들에게 반미 교육(귀측의 주장으로는 반전교육)을 시키는 이유는 무엇이며, 또한 귀 단체의 그러한 선동 결과 참다 못한 미군이 철수한다면 그 대안은 무엇인가?

■ 전교조는 가면을 벗어라

[새미래]

참교육이 뭔가!
자신의 위치를 악용해서 일방적이고 편협한 사상을 주입시키는 것인가?
그대들이 있고 나서 생긴 오늘의 세태를 보라.
이것이 그대들이 원하는 참교육인가?

삼척동자도 알만한 가면을 벗어라.
겉으로는 그럴듯한 명분을 내세우지만
그대들의 머릿속에 들어 있는 것은
오로지 그대들 자신의 이익과 권력쟁취에 초점이 맞추어져 있다.
즉 급여와 근무조건 쟁취를 주축으로 하는 현실적 이득과
정치세력화를 통한 권력 핵심부로의 진입
그리고 급진 친북 좌경 사상의 주입을 통해
저의가 의심스러운 행태들을 보이고 있다.

황장엽 씨는 한국내에 고정간첩이 5만 명이 넘는 것으로 밝힌 바 있다.

그런데 대표적인 친 김정일 단체 중 하나인 그대들이
그와 무관하다면 이상한 일일 것이다.
그대들이 지금은 거대 세력화되어 더러운 본성을 숨기고 양의 탈을 쓴
채로 온갖 만용을 떨고 있지만
기억하라.
갖은 악행에도 사과 한마디 없는 그대들의 모든 행동은
이미 속속들이 국민의 냉철한 눈으로 감시하고 있음을.

이미 그대들은 순수성을 잃었다.
아니 처음부터 없었을지도 모른다.
그대들 조직이 생긴 직후에는 혹시나 하는 기대라도 있었는데
그 기대마저 그대들은 발길로 걷어차버렸다.

그대들의 노선을 분명히 하라.
그대들 중에 정말로 김정일과 내통하는 고정간첩이 없다면
그 또한 분명히 공표하고
김정일 악마 집단과 무관함을 행동으로 보이라.
반미 반전을 하는 저의도 분명히 밝히라.
그대들의 하는 일 하나하나가
북괴 정권에 보탬되는 쪽으로만 진행하고 있지 않은가.

목적이 순수하다면 국민이 먼저 알아차리는 것이다.
그대들의 눈에는 이 나라 국민들이 무지몽매한 우민으로 보이는가?

순수한 모습으로 변하라.

국민들이 먼저 알아차리고 그대들의 편에 서 줄 것이다.
그리고 그대들의 또 하나의 죄과를 기억하라.
자신과 특정 계층의 이익을 위해 수 백만의 목숨과 인권을 유린하는
저 악마 김정일에 동조하고 그들을 이롭게 하는 것은
결국 수많은 동포들의 원성을 살 것이다.

울부짖는 수 없는 형제들이 지옥에서 탈출해 자유를 찾았을 때
그들의 피맺힌 원한이 그대들을 자유롭게 하지 않을 것이다.

기억하라.
그대들은 분명코
역사의 죄인들로 기록될 것이다.

■ 강서황혁님[22]께-시골사람이

[진등]

강서황혁 한 전교조 조합원의 필명 씨 반갑습니다.

"내가 돈을 받으면 또 다른 학생이 손해를 보고 우리가 돈을 받으면 (미국으로부터) 또 다른 나라가 손해를 본다."
는 취지의 강서님 말씀은 저도 공감합니다.

그리고 그러한 원론적이고 인간적 양심과 도의를 아이들에게 교육시키는 것은 당연한 이치입니다. 또, 그러한 교육을 위하여 촌지와 이라크 파병이 하나의 가벼운 예는 될 수 있다고 봅니다.

다만 제가 경계하는 것은 작금의 전교조 노선이 "교육적 측면"에서 주객이 전도되고 있다는 것입니다. 이것은 비록 저뿐만 아니라 많은 사람들이 공감할 것이라고 봅니다.

민족의 자주와 자존의 교육, 전인적인 인간성의 교육, 인류평화를 위한 교육… 이러한 것들이 특히 초,중등 교육의 핵심 아니겠습니까?

그런데 그러한 교육을 위한답시고 내놓는 방법들이 너무나 비이성적이라는 것입니다.

---

22) 한 전교조 조합원의 필명

말은 민족 자주자존의 교육이면서 조합원의 언행이나 각종 활용 자료들은 실상은 반미친북적 색채가 짙고,

말은 전인적 인간성 교육(특히 학생인권)이면서 실상은 조합원들의 권익이 앞서고,

말은 인류평화를 위한 교육이라면서 우방국이라고 여기는 나라들의 행태를 비난하기 위한 저의가 깔려 있는 것입니다.

어린 학생들을 교육하면서 원론적인 교육목적을 달성하기 위하여 굳이 우방국에 대한 악감정을 유발시키고, 민족의 고통에 가장 큰 역할을 하고 있는 북한지도부 집단을 치켜줘야하겠습니까?

제가 보기로는 또 다른 저의없이 순수한 교육자적 양심이라면 방법적으로 문제가 있다고 봅니다.

또, 현재 전교조의 노선이 목적이야 어떻든 방법과 수단적인 면에서는 교육자로서는 최악의 방법과 최후의 수단으로 가고 있다는 느낌입니다.

저는 '진보'란 좋은 뜻으로 생각하고 있습니다. 이념적이든 무엇이든 진보적 사상은 발전의 원동력이라고 생각합니다. 하지만 진보란 미지를 향한 도전입니다. 미지에 대한 도전은 위험 부담이 있습니다. 특히 어린 학생들이 한 번 위험에 빠지면 헤어나기 어렵습니다. 그래서 교육자가 조심스러운 것입니다. 가보지 않은 길이 있음을 소개할 수 있고, 장차 능력을 길러 그 길로 탐험해 봄을 자극하는 호기심을 길러 줄 수는 있습니다. 그러나 지금 당장 함께 가자고 억지로 손 붙들고 끌고 가서는 안 됩니다. 지금 전교조는 그런 위험한 행동을 하고 있다고 보기 때문에 많은 사람들이 걱정하는 것입니다.

교육에서 고전을 중요시하고 경륜을 높이 사는 것이 그 때문입니다. 어떤 이는 시대 상황에 맞지 않는 수구적 발상이라고도 합디다. 그리고 사실 교육자만큼 보수적인 집단이 없습니다. 그건 당연히 그러해야 한다고 봅니다. 위에서 언급했듯이 교육자는 확실한 신념 없이는 자의적으로 아이들을 끌고 갈 수 없기 때문이라고 봅니다.

끝으로, '교육 이론가' 와 '교육자' 는 엄연히 구분된다고 봅니다. 교육 이론가는 자신이 연구한 이런저런 갖가지 학설을 제기할 수 는 있습니다. 그 학설이 맞아서 각광 받을 수도 있고 오류로 인하여 엉터리가 될 수도 있습니다. 이론가들은 비록 엉터리라도 그것이 하나의 학설로 남게 됩니다. 그러나 직접 가르치는 교육자는 다릅니다. 교육자 나름대로 이리도 가르쳐 보고 저리도 가르쳐 볼 수는 없습니다. 이론가들의 여러 학설 중 가장 안정적인 방법을 취사선택해야 합니다. 교사 스스로 단정적 이론을 세워 그것을 아이들에게 가르쳐 보겠다는 것은 너무나 뻔뻔스럽고 무책임한 행동입니다.

황혁님, 저의 이러한 사고가 종속되고 비굴한 굴종적 사고입니까?

■ 도깨비와 귀신

[뿌리]

魅魃(매발)

塵開調苴蓆(전개조자석)
魅麴努集簞(매국노집단)
田堯措貰畸(전교조세기)
魃稉移輯壇(발갱이집단)

(해석) 도깨비와 귀신
가게문을 열고서 깔개와 자리를 고르고 있는데,
도깨비는 누룩을 대광주리에 담으려고 용을 쓰고 있고.
밭이 척박하여 돼기밭을 세내어 두었더니,
귀신이 볏 집단을 제단 위에 모으려고 옮기고 있구나.

(자구 풀이)
塵 : 가게 전, 開 : 열 개, 調 : 고를 조, 苴 : 깔개 자, 蓆 : 자리 석
魅 : 도깨비 매, 麴 : 누룩 국, 努 : 힘쓸 노, 集 : 모을 집, 簞 : 대광주리 단
田 : 밭 전, 堯 : 척박할 교, 措 : 둘 조, 貰 : 세낼 세, 畸 : 돼기밭 기

魃 : 귀신 발, 粳 : 메벼 갱, 移 ; 옮길 이, 輯 : 모을 집, 壇 : 제터 단

(해설)

이 시의 작자는 미상이며 일설에는 전교조를 사랑한다고 한다.

가난이 모두에게 웃음을 앗아가던 시절, 가난 때문에 남의 물건을 훔치는 안타까운 현실에서 가게에서 누룩을 훔치는 사람을 도깨비로, 들에서 볏짚단을 훔치는 사람을 귀신으로 표현하여 간접적으로 꾸짖는 경구이다.

■ 황혁님께2 - 시골사람이

[진등]

강서황혁님,

님에게 저의 생각을 몇 가지 써 보았는데 친절하게도 답장까지 써 놓은 것을 좀 전에 보았습니다.

저의 짧은 머리로는 님의 글 내용이 얼른 요약되지 않아서 일단 눈에 띄는 부분 중 몇 가지 저와 상당한 견해차가 느껴지는 부분을 발췌하여 썼습니다.

1. 반미가 아니라는 것을 설명하면서

"저 개인적으로 분명히 말씀드리면 이라크 침공은 잘못된 짓입니다." 라 하셨는데 황혁님 개인적 판단으로 잘못되었다고 생각하는 것은 좋습니다만 그것을 학생들에게도 잘못된 것이라고 가르치는 것은 위험하다는 것입니다.

특히 그러한 것을 가르치면서 미군의 잔인성을 부각시키는 사진자료 같은 것을 활용한다면 이라크 침공이 잘못이라는 것을 이용한 반미교육으로 비칠 수 있다는 것입니다.

2. 서해교전에 대하여 침묵한 이유가

"너무도 많은 세월 저들(극우세력)에 의해 난도질당한 우리들의 정신과 육신의 한으로 인해 그러한 침묵으로 일관했으리라고 보입니다."라고 한 점은 이해하기 어렵습니다.

저들(극우)이 누구를 지칭하는지 모르겠습니다. 우리 국군을 말함입니까? 아니면 지난 날의 독재 권력을 말함입니까? 아니면 그대들이 말하는 수구기득권 세력을 일컫습니까?

누가 그대 전교조 선생님들을 그리도 난도질하여 정신과 육신의 한이 되게 하였다는 말입니까? 그리고 설사 그러한 일이 있었다손 치더라도 정의를 말하는 그대들이 우리의 생존 자체를 위협하는 북한의 행위에 대하여 침묵을 넘어서 방관자적, 심정적 동조자적 입장을 취하는 이유는 이해하기 어렵습니다.

3. 전교조가 친북적 성향을 보이지 않았다고 주장하는 내용으로

"문제는 북한을 바로 보고 이해하고 잘못한 것이 있으면 이에 해당하는 성명도 내고 하였으면 좋겠으나 현재로는 저들을 잘 모르고 판단도 할 수 없는 처지이기에 애매모호한 표현으로 일관함을 이해하여 주시면 좋겠습니다."라 하셨는데 세상 사람이 다 아는 북한의 실상을 전교조만 왜 모른다고 하십니까?

그리고 정말로 저들(북한)을 잘 모르고 판단할 수 없는 처지이면서 애매모호한 표현으로 일관하여서는 안됩니다. 정말로 모르면 침묵이 옳습니다. 침묵하는 것과 애매모호한 표현으로 다른 사람들(특히 어린학생들)에게 혼란을 주는 것과는 하늘과 땅 차이입니다.

제가 우려하는 것이 바로 전교조가 알면서 그러는지 정말로 몰라서 그러는지 애매모호한 표현을 써서 우리 학생들에게 혼란을 주는 경우가 있다는 것입니다.

 지난 번 대구 유니버시아드 대회에서 북한 응원단의 행동을 보고도 마음속으로 느낀 바가 없다면 자유민주주의를 신봉하는 사람이라고 인정하기 어렵습니다.

4. 저의 주장의 논점을 말하고자 하면서

 "언뜻 글을 쓰면서 '조선일보' 같은 데에서 주장하는 듯한 느낌으로 받아드리는 것이 아닌가 싶습니다." 하셨습니다.

 그럼 그대는 글을 쓰면서 어느 신문 같은 데에서 주장하는 것을 받아들이고 썼습니까?

 언론이야 나름대로 언론관이 있게 마련입니다. 그 관점이 서로 상통하는 사람도 있고 아닌 사람도 있습니다. 대한민국의 어떤 언론이 모든 국민에게 객관성을 인정받을 만한 위치에 있다고 보십니까? 그리고, 나이 한 오십되고 나름대로 교육을 받고 살아 온 사람들이 어느 특정 언론의 논지에 따라 자신의 주관이 오락가락할 것이라고 생각하는 그대의 사고방식을 이해하기 어렵습니다.

 이야기를 하다보니 너무 황혁님의 말꼬투리를 잡은 감이 있기는 합니다. 서로의 생각의 차이는 있겠지만 황혁님을 비롯한 전교조의 생각과 행동에 대하여 우려를 하는 사람들도 많다는 것을 말씀드리고 싶습니다.

 끝으로 전교조에 진심으로 바라는 것은 직접적인 학생지도 이외의 문제를 더 크게 보는 시각을 재고해 주었으면 합니다. 올바른 학생지도를 위한다고 여러 가지 제도적, 관습적, 환경적인 문제들에 신경을 쓰다보면 교사로서의 중심을 잃기 때문입니다.

지금 전교조는 그 중심에서 많이 벗어나 있는 느낌입니다.
감사합니다.

● 이런 '참교육'은 곤란하지요
[편저자 김동렬]

교육 자료는 교육 목적을 달성하기 위해 필요한 수단이다. 이는 교사와 학생이 상호작용 하는 통신 과정으로 학습력을 높이기 위한 교육에서의 중요 수단의 하나로, 교육 자료의 제작과 선정, 활용은 교육 결과에 큰 영향을 미치게 된다.

전교조는 '참교육'을 실천하는 방법의 하나로 '공동수업자료집'을 자체 제작하여 사용하고 있다. 국내외 중요한 사건, 사안이 있을 때 '시사교육', '계기교육'의 목적으로 자료를 만들어 이를 전교조 홈페이지에서 공개적으로 배포하고 사용을 장려하고 있다.

새만금 공동수업자료, 이라크반전평화 공동수업자료, 평화통일 공동수업자료, 노동권 공동수업, 4.15 총선공동수업자료, 5.18공동수업자료 등이 그것이며, 이라크 반전평화교육자료의 경우 그것을 이용한 수업이 확산되고 있음을 전교조는 크게 자랑한 바 있다.

기본적으로 '시사교육', '계기교육'을 위한 교육 자료는 다음의 두 가지를 염두에 두고 그 제작에 임해야 한다.

첫째, 철저한 '가치중립'을 유지할 것.

'시사교육', '계기교육'은 주로 현재의 정치, 경제, 사회, 문화, 국제 관계 등을 다루는 교육이 되는 것이니 만큼 엄정한 '가치중립'을 유지하여 만들어야 하는 것이다. 예를 들어 대북한 관계라던가, 이라크 전쟁 관련 문제들에 있어서는 각 정당의 입장은 물론 국민 간에, 심지어 가족 간에도 그 생각이 다를 수 있고, 국민감정과는 달리 국익 차원에서 고도의 정치적 결정을 내려야 하는 경우도 있을 수 있는 것이다. 따라서 이러한 교육 자료를 만들 때에는 철저한 '가치중립'을 유지함으로써 교육 결과가 가치 편향이 되어 특정 집단, 정파의 주장만을 주입하는 '세뇌' 차원의 교육으로 변질되는 것을 방지해야 한다는 것이다.

둘째, 철저한 '사전 검증'과 '사후 확인' 절차를 밟을 것.

사람은 각자 그 사고방식, 개성이 모두 다르므로 같은 수업자료를 가지고 교사가 학생들을 가르치더라도 아와 어가 다르듯이 학생들에게 그 뜻이 전달되는 과정에서 교수방법에 따라 각각 교육 결과가 다르게 나오게 되어 있다. 이런 점을 감안할 때에 '시사교육', '계기교육'을 위한 공동수업 교육 자료를 제작할 때에는 최대한 교실 현장에서 교사의 주관적 입장 전달이 배제될 수 있도록 해야 한다.

객관적이고 구체적이며, 정확한 자료를 만들어야 하는 것이다. 따라서, 이런 교육 자료는 그 중요성과 영향력, 오류 발생의 가능성 때문에 항상 사전 검증과정을 거쳐야 하며 교육 후에도 그 결과 확인을 해야 한다. 만약 오류의 발생문제가 제기되었을 때에는 이를 검증, 그 원인의 규명과 책임소재를 밝히고 재발을 방지할 수 있는 제도적 장치를 마련해 두어야 하는 것이다.

그런데, 전교조가 자체 제작한 '시사교육', '계기교육' 용의 일부 공동 수업자료들에서 심각한 문제들이 지적되고 있다.

즉, 가치중립의 문제와 사전 검증, 사후 확인 문제가 그것이다. 가치중립을 엄정히 지켜야 할 교육에서 전교조라는 하나의 '노동조합'이 철저한 사전 검증 절차도 밟지 않은 채 자체적으로 교육 자료를 임의 제작하고 이를 사용하여 학생들을 가르칠 수 있다는 교육 제도상의 허점이 우선 큰 문제이다. 그 결과, 자료 중 청소년에게 보여 주기에는 부적절한 자료를 사용하는가 하면, 전교조가 목적하는 특정 이념의 교육 효과를 달성하기 위한 목적에서 조작까지 했다는 의혹을 사고 있는 자료들도 발견되었다는 것이다.

그 결과, 예를 들어 '이라크 반전평화공동수업' 같은 경우, 자료 자체가 반미 일색으로 제작되어 '반미세뇌교육'화가 되어 버린 교육이다. 결국 이라크 전쟁을 기회로 '시사교육', '계기교육'을 함으로써 어린 학생을 전교조의 사상, 이념의 실천을 위한 '도구'로 사용하지 않았는가 하는 비판이 따르고 있는 것이다.

교육이라는 것은 공장에서 생산되는 일반 제품과는 달리 인간의 정신과 마음에 지속적으로 영향을 미친다는 점에서 '리콜'이 대단히 어렵다는 특성을 갖고 있다. 중대한 오류가 있는 교육 자료에 의한 수업으로 정신적으로 미성숙한 청소년 학생들이 받는 영향은 학생 개인뿐만이 아니라 사회, 국가 전반에도 나쁜 영향을 미친다. 그럼에도 불구하고 우리나라의 교육 현실에서는 이러한 오류를 사전 방지하고 사후 발견 시에도 적절한 책임을 지고 관련 조치를 해야 한다는 제도적 장치가 없다. 따라서 현재 전교조의 '공동수업자료' 식이라면 우리의 청소년 학생들은 전교조라는 노동조합의 사상과 이념의 '도구' 신세를 면하기 어렵다.

이에 대한 종합적이고도 합리적인 대책이 강구되어야 한다고 믿는다.

■ 전교조의 엉터리 교육자료 공개

[ohara]

다음의 사진 두 장은 완벽하게 꼭 같은 것이며, 그 중 첫번째 사진이 전교조의 '반전평화공동수업자료집'에 수록되어 있는 것입니다. 전교조는 본부는 물론 각 지회의 게시판을 통해 전국의 조합원들에게 이 자료를 초중고등학교의 교육 자료로 활용하도록 적극 권고했었습니다. 이 사진에는 "걸프전 때 탱크에 돌을 던지는 아이'라는 제목이 붙어 있습니다.

걸프전이란 1990년 이라크의 쿠웨이트 무력침공에 대응하여 1991년 미국 등 33개국의 다국적군이 이라크 군을 몰아내기 위해 벌였던 전쟁입니다. 따라서 "걸프전 때 탱크에 돌을 던지는 아이"라는 제목은 바로 "(미국과 이라크가 벌였던) 걸프전 때 (미군) 탱크에 돌을 던지는 (이라크) 아이"라는 뜻이 됩니다. 하지만 이 사진은 두번째 사진을 편집한 것입니다.

전교조의 주장과는 달리 유감스럽게도 이 사진은 '걸프전' 사진이 아닙니다. 사진 속의 탱크도 미군 탱크가 아니며, 어린아이도 이라크 아이가 아닙니다. 사진 속의 탱크는 이스라엘 탱크이며, 어린아이는 팔레스타인 아이이고, 사진을 찍은 장소는 베들레헴의 데이샤 난민촌

(Dheishah Refugee Camp)이며, 찍은 시기는 2002년 6, 7월 경, 사진 작가는 Musa Al-Shaer입니다. 이 사실은 사진의 출처로부터 직접 확인한 것입니다. 따라서 이 사진 속의 어린아이는 걸프전(1991년) 당시에는 태어나지도 않았거나 태어났다고 하여도 갓난아기에 지나지 않았을 것입니다.

이 사진의 원 출처는 electronicintifada.net 이며, 이 웹페이지에 가시면 아직도 이 사진을 보실 수 있습니다. 전교조는 이렇게 "교육자료"란 미명하에 엉터리 자료를 아이들에게 제시한 것입니다.

전교조의 자료집에는 이 사진 외에도 "방공호 속 공포의 바그다드 주민들", "12년 전 전쟁으로 피부암에 걸린 어린 소년", "불타는 유정의 검은 연기와 진격중인 미국의 탱크", "불타는 바그다드", "걸프전의 영향으로 백혈병에 걸린 어린이", "어린이 병원: 일곱 살 여자아이의 고통", "미군의 불발탄이 터져 한 쪽 다리를 잃은 20살 청년", "고통받는 이라크 어린이"등의 제목을 가진 무고한 어린이들의 희생을 강조하는

걸프전때 탱크에 돌을 던지는 아이

사진들이 실려 있으며, 6페이지에는 "미국의 경제봉쇄로 인해 영양실조로 입원한 이라크 아이", "걸프전 당시 열 우라늄 탄의 영향으로 골수암에 걸린 소년" 등 모두 4장의 사진이 실려 있습니다. 특히 5페이지의 "미군의 불발탄이 터져 한 쪽 다리를 잃은 20살 청년"이라는 사진과 6페이지의 "걸프전 당시 열 우라늄 탄의 영향으로 골수암에 걸린 소년"라는 사진이 어처구니없게도 해설을 달리한 동일한 사진이라는 것은 이미 잘 알려진 사실입니다.

6페이지의 마지막 사진 두 장은 각각 "걸프전 때 탱크에 돌을 던지는 아이"와 "걸프전 당시의 모습"이란 설명이 붙어 있습니다. "걸프전 당시의 모습"이란 사진은 총을 든 미군 병사 3명이 사막에 묻힌 팔이 모래 밖으로 뻗어 나온 시신을 내려다보고 있는 사진입니다.

이런 사진들을 보는 어린 아이들은 누구나 전쟁의 참상과 순진무구한 노약자 및 어린아이들의 희생에 치를 떨 수밖에 없고, 마지막 두 장의

제 2장 학생들은 '도구'인가?_ 161

사진으로 사람들은 전쟁의 발발원인이나 경위에 대한 고려는 전혀 없이 가해자는 미군이며, 그들의 만행이 이러한 참혹한 결과를 가져왔다는 단순한 느낌을 가지기 쉽습니다. 미국에 대한 막연한 증오가 형성되는 것이지요. 특히 "걸프전 때 탱크에 돌을 던지는 아이" 사진은 거대한 골리앗(미국)의 횡포에 대항하는 정의로운 어린 소년 다윗(이라크)의 모습을 연상시키기에 충분합니다.

아마도 우리 아이들이 이 사진을 보며 한 번쯤은 맨 몸으로 악의 세력 탱크에 맞서는 영웅적 행동을 꿈꾸었는지도 모르겠습니다. 또 전교조가 바로 이 효과를 기대하고 위의 사진을 교육 자료에 올린 것인지도 모르겠습니다.

이 두 장의 사진을 보면 electronicintifada.net이나 전교조 둘 중의 하나는 거짓말을 하고 있습니다. 자, 여러분! 누가 거짓말했을까요? electronicintifada.net이 거짓말했을까요 아니면 전교조가 거짓말했을까요?

electronicintifada.net이 걸프전 사진을 도용하고 설명을 잘못 붙였을 가능성도 배제할 수는 없겠지요. 그러나 인티파다(intifada)란 팔레스타인인들의 이스라엘에 대한 저항운동으로서, 오랜 기간 동안 진행되어온 팔레스타인인들의 일종의 독립운동입니다. 또한 이 웹사이트는 팔레스타인의 독립 또는 자치권 쟁취를 위한 전 팔레스타인인들의 범 민족적인 노력의 일부입니다. 이런 중차대한 일을 하는 조직이 도용한 사진을 사용했다면 진실이 밝혀질 경우 그 단체의 도덕성에 대한 타격은 상상이 힘들 만큼 클 것입니다.

전교조도 마찬가지입니다. 전교조는 '참교육'을 부르짖으며 상대적인 도덕적 우월성을 주장하는 교사들의 단체입니다. 그런 전교조가 교육자료를 조작했다면 전교조의 도덕성과 신뢰성은 물론 교육자로서의 자질도 의심하지 않을 수 없습니다.

만약 전교조가 사진을 도용하였거나, 알면서도 잘못된 설명(이스라엘 탱크와 팔레스타인 아이를 미군탱크와 이라크소년으로 묘사)을 붙였다면 이는 교육 자료를 조작한 중대한 비도덕적 행위로서 교육자로서는 결코 용서받지 못할 일입니다. 만약 반전평화공동수업자료집에서 사용한 사진의 출처가 다른 어느 곳이라면 전교조는 그 출처와 사진 설명이 잘못된 경위를 밝혀야 할 것입니다. 그러지 않는다면 전교조는 교육 자료를 조작했다는 책임을 면할 수 없을 것입니다.

반전평화공동수업자료집의 잘못된 사진은 이번이 처음이 아닙니다. 반전평화공동수업자료집을 교육에 사용한 교사들은 무분별한 교재선택과 자료검증 노력 소홀에 대한 책임을 통감해야 할 것이며, 그 자료로 교육받은 모든 학생들에게 이제라도 그 자료가 잘못된 것임을 확실히, 분명하게 얘기해 주어야 할 것이며 혹시라도 잘못된 인식을 심어 주었다면 학생들에게 사과해야 합니다. 또한 무분별하고 무책임한 교육자료 제작과 사용도 중단해야 합니다.

반전평화는 모든 인류의 최고의 가치이지만 그 추구과정에서 개인이나 집단의 편견이 교육이라는 미명으로 아이들에게 무분별하게 주입되거나, 의도적으로 조작한 자료를 사용하여 잘못된 인식을 유도해서도 안됩니다.

전교조의 공식적인 조사와 조사 결과에 대한 책임, 그리고 공식 사과를 강력히 요청합니다.

■ 신연식 전교조 통일위원장의 사과문을 읽고

[ohara]

전교조 신연식 통일위원장의 사과문을 읽고, 그 자료의 잘못 되었음을 지적한 사람으로서 다음과 같이 입장을 밝힙니다.

첫째,

전교조가 뒤늦게나마 "오류와 실수를 인정하고 사과"하는 이례적으로 전향적인 자세를 보여 준 점에 대하여 대단히 긍정적으로 평가합니다. 하지만 이러한 사과가 빠져 나갈 데 없이 명확하고 객관적인 증거가 제시되자, 마지못해 하는 립서비스에 불과한 것이 아니라는 점을 분명히 보여 주시기 바랍니다.

둘째,

"조작"여부에 대한 논란은 시비할 필요조차 없습니다. 전교조가 원자료의 출처를 밝히면 간단히 끝나는 것입니다.

그러나 통일위원장은 사과문에서

"전교조 통일위원회는 실수는 인정하지만, 이를 조작이라고 하는 데 대하여는 동의하지 않습니다."는 발언을 통해 '조작'임을 인정하지 않았습니다. 심지어는 "편집자가 자의적으로 '걸프전 때 미군 탱크에 돌을 던지는 아이' 라는 캡션을 넣은 것"을 스스로 인정하고 나서도 '조작' 이 아니라는 얘기를 하고 있습니다.

하지만 '조작' 여부는 시비할 필요조차 없습니다. 원자료의 출처를 정확히 밝히고, 원자료가 어떠했으며, 변형되었다면 누구에 의해 어떤 과정을 거쳐 변형되었는지를 분명히 밝히면 간단히 끝나는 것입니다. 즉 "걸프전 때 탱크에 돌 던지는 아이"라는 제목은 원자료에 없던 것을 전교조가 만들어 넣었느냐, 아니냐에 따라 '조작' 이냐 아니냐가 명백히 판가름나는 것입니다. 현재까지의 해명은 해명이 아니라 '조작' 임을 스스로 인정하는 것으로 밖에 볼 수 없습니다.

셋째,

악의적 조작이냐 선의의 실수냐 하는 문제는 이런 정확한 경위에 따라 주관적으로 판단될 문제입니다. 하지만 전교조란 조직은 주관적 판단이 개입된 문제에서 죽어도 승복을 하지 않는 단체이기 때문에 전교조와 이것을 논한다는 것은 무의미합니다.

이 자료는 전쟁의 참화와는 직접적인 상관이 없는 "탱크에 돌 던지는 아이" 사진입니다. 위원장은 사과문에서 "이라크 침공의 참상을 부각하려면 활용할 수 있는 사진은 무수하게 많았습니다."라고 했습니다. 그럼에도 불구하고 '참상'과는 별 관련도 없고 확인 조차 되지 않은 사진에 굳이 '자작해설'을 붙여서 실은 의도는 무엇입니까? 이 사진이 어린아이들의 마음속에 형성될 수 있는 실질적 의미를 생각한다면, 굳이 "걸프전 때 미군 탱크에 돌을 던지는 아이"라는 캡션을 붙여서 자료에 포함시킨 의도는 누구나 쉽게 짐작할 수 있는 일입니다.

따라서 '조작'이 아니며, 선의에 의한 '실수'라는 전교조의 해명이 충분치 못한 경우, 자료의 조작이 악의에 의한 것이라고 판단하고 조작이라고 부른다고 하여도, 전교조가 타인의 판단을 받아들이지 않는 것처럼, 전교조도 타인에게 판단을 강요할 권리는 없습니다.

넷째,

'조작' 여부에 대한 추가적인 조사와는 별도로 그 자료의 잘못을 인정한 이상 전교조는 적절한 후속 조치를 취하여야 합니다. 즉 그 자료를 사용해서 교육을 실시한 모든 전교조 조합원은 교육 대상 학생들을 일일이 찾아서 그 자료가 잘못되었음을 분명히 알리고 잘못된 인식을 심어 준 데 대해서 사과해야 합니다. 그 사진이 혹시라도 어린 아이들에게 "미군 탱크에 돌 던지라"고 암시하는 것으로 받아들여졌다면 "결코 본의가 아니라"는 점을 분명히 밝혀야 할 것입니다. 설사 그런 날이 온다고 하더라도 돌을 던져야 할 사람은 교사 자신이 먼저이지 어린아이들에게 충동질해서는 안되기 때문입니다.

다섯째,

전교조는 조직의 이름으로 공식적으로 대국민 사과성명을 발표하여야 합니다. 전교조는 본부는 물론 각 지부의 공식 홈페이지를 통하여 그 교육자료의 사용을 독려하였습니다. 또한 전교조 장 부위원장과 송 대변인도 공공방송에 나와 그 자료가 잘못되지 않았다고 강변하였습니다. 본의이건 아니건 결과적으로는 공식적으로 국민을 속인 셈입니다. 따라서 전교조에겐 분명히 공식적인 책임이 있습니다. 전교조가 잘못을 인정한 이상 적절한 언론을 통하여 대 국민 사과문을 발표해야 합니다. 또한 자료 사용을 독려할 때와 같은 기간 동안 꼭 같은 방법으로 본부는 물론 각 지부의 홈페이지에도 교육자료가 잘못되었음을 알리는 사과문과 조합원들에게 정정 교육을 촉구하는 공지를 게시하여야 할 것입니다.

여섯째,

"이 실수를 계기로 전교조 통일위원회는 앞으로 자료를 만들어 배포하기 전에 반드시 검토 절차와 결재 과정을 거친 뒤에 배포하기로 한 것"은 그나마 바람직한 결정입니다. 하지만 일개 노동조합에 불과한 전교조가 무슨 권리로 교육 내용을 검토하고 결정합니까?

전교조 공식적으로 하는 것인지, 아니면 그저 사적인 모임에 불과한 것인지 분명히 하시기 바랍니다. 그리고 어떤 경우이건 이름을 걸고 결과에 대한 책임을 져야 할 것입니다. 혹시라도 그럴 리는 없겠지만 지금처럼 잘못된 결과에 대해서도 그저 사과문 하나 달랑 던져 놓고 발뺌하는 풍토가 조성되어서는 안됩니다.

전체적으로 볼 때, 통일위원회가 잘못을 인정한 것은 대단히 긍정적으로 평가하지만, 이것은 이제 조그만 시작일 뿐입니다.

교육은 실험이 아닙니다. 이 기회가 교육이라는 이름으로 어설프게 저질러 놓은 잘못을 수습하는 것이 얼마나 힘들고 어려운지 조합원 모두가 깨닫는 계기가 되어야 할 것입니다. 그리하여 전교조가 진정으로 '참교육'을 주장하는 교사들의 단체라는 것을 분명히 보여 주시기 바랍니다. 특히 전교조의 통일위원회는 많은 국민들로부터 의혹의 시선이 집중되고 있습니다. 이 기회에 깨끗하고 말끔하게 이 일을 처리하여 국민들의 우려를 불식시키기 바랍니다.

■ 각양 각색의 살아가는 방법
[ohara]

'play dumb' 이라는 영어 표현이 있다. 모르는 척하거나 멍청한 척, 바보인 척한다는 뜻이다. 잘못이 들통났거나 무안하거나 어이없이 일이 꼬여 갈 때 영악한 사람들이 꼭 한 두 번은 써먹는 수법이다. 이들이 노리는 것은 "몰라서 그랬다"는 것을 상대가 인정해 주는 것이며, 그래서 크게 질책 받지 않고 은근슬쩍 넘어가고자 하는 영악스러운 의도를 가진 것이다.

하기야 'play dumb' 하는 것이 인간 세상에만 있는 것은 아니다. 동물 세계에도 있다. 강력한 적을 만나거나 위험에 직면하면 죽은 척하는 동물들이 있다.

주머니쥐(opossum)라는 북미지역에 사는 작은 동물이 있다.

이들은 강력한 적을 만나면 그야말로 쥐 죽은 듯이 꼼짝도 하지 않고 늘어져 있으며, 또 악취를 풍기기도 하여 위기를 모면하려 한다. 다가온 개나 다른 동물이 킁킁거리다가는 흥미를 잃고 떠나면 언제 그랬냐는 듯이 멀끔히 일어나 툭툭 털고는 유유히 사라진다. 이 주머니쥐에게서 유래된 말이 'play opossum' 이다. 문자 그대로 '죽은 척 한다.' 그래서 잘못을, 그것도 엄청난 잘못을 저질러 놓고는 자세를 낮추고 이목을 피하며 세월 가기만을 기다리는 비겁함의 극치이자 전형을 보이는 사람들에게 바로 'play opossum'이라는 말을 쓴다.

동물이야 생존이 목적이니 까짓 것 죽은 척을 하든, 산 척을 하든 살기만 하면 되니 뭐 탓할 게 있으랴. 강력한 대항 수단이 없는 한갓 쥐에게야 그런 재주 마저 없다면 냉혹한 생존경쟁에서 어떻게 살아 남을 수 있으랴. 그러니 주머니쥐가 부리는 '죽은 척하기'를 '잔머리'라고 부를 수는 없으리라.

그런데 'play dumb'과 'play opossum'을 합친 묘한 행동을 하는 인간의 무리들이 있다. 동물도 아닌 인간이, 그것도 꽤나 그럴듯한 뜻과 이상을 가졌다고 있는 대로 목청껏 고함을 지르는 무리들이 바로 '모르는 척, 멍청한 척, 바보인 척, 죽은 척'하며 세월 흐르기만을 기다리는 조잡한 재주를 피우고 있다.

전교조라는 집단이다. 악의적으로 교육자료를 조작하여 순진한 아이들에게 잘못된 인식을 심어 주고도 그 사실을 인정하고 반성, 사과하며, 아이들에게 잘못을 바로 잡아 주기는커녕 세월 흘러서 잊혀지기만을 기다리고 있는 것이다. 그래서 지친 안티들이 떠나면 '언제 그랬냐는 듯이 멀끔히 일어나 툭툭 털고는 유유히 사라지고' 또 다른 잘못을 저지를 기회만 노리려는 집단이다. 비겁함과 영악스러움, 잔머리가 모두 어우러진 인간 행동들의 대표적인 행태를 보이고 있다.

내 말이 틀렸으면 전교조 조합원은 떳떳이 조합원이라고 밝히고 반박해 보라. 부위원장, 대변인도 좋다. 그들이 방송에 나와 잘못이 없다고 우겼던 당사자들이니까.

■ 전교조의 애달픈 사연

[스전폭]

이 자료조작가는, 2003년 전교조가 만든 반전평화공동수업자료 중, "이스라엘 탱크 앞의 팔레스타인 어린이"를 걸프전 때 "미군 탱크의 이라크 아이"처럼 자의로 캡션을 붙여 조작을 해놓고는 학부모들의 항의가 들끓자 계속 모르쇠로 일관하다가 만 3개월이 지나서야 "오류였네~"라는 궁색한 변명을 하게 된 전교조의 애달픈 사연을 노래한 것입니다.

참여정부 이념색깔 암만봐도 우리색깔
전교조의 통일전사 여기모두 모여봐라
우리들이 기다렸던 이념해방 때가왔다
무엇들을 하고있냐 어서어서 작업하자

무엇부터 손을댈까 이리생각 저리궁리
위원장님 걱정마소 이라크전 있지않소
그렇구나 옳다구나 그거좋은 생각이다
미선효순 그건하고 같이하면 제격이지

반전평화 빙자하여 반미자료 만들었네
어린학생 어필거리 특별한것 없겠는가
이리저리 고민끝에 그래바로 이것이다
이스라엘 탱크에다 돌던진애 써먹으세

아고근데 위원장님 이사진은 아닌뎁쇼
뭬가그리 문제더냐 전교조가 법이로다
오래전에 단체협약 교육부를 굴복시켜
교장검열 못하도록 만들은거 잊었더냐

아이구나 내대갈통 새대가리 맞긴맞네
그런귀한 우리특권 안써먹고 어디쓰나
얼렁얼렁 조작해서 반미자료 만들었네
교장교감 시비걸면 참견마소 하면되지

한겨레도 응원하고 오마이도 응원하네
조선통신 로동신문 김정일도 칭찬하네[23]
얼싸좋다 어린학생 말빨한번 잘먹히네
잘나간다 우리노조 무소불위 특권집단

아니근데 웬말인가 십일월의 어느하루
전교조의 게시판에 대형사고 터졌다오

---

23) 전교조의 '반전평화교육'은 북한 언론에서 직접적으로 거론하면서 전교조를 적극 응원한 바 있음

안티중의 오하라가 자료조작 밝혀냈소
이보시오 큰일났소 이사건을 어이하오

부총리도 누른우리 그깟안티 걱정마소
오히힝과 된바람[24]을 전담마크 붙여놓고
오하라가 가는걸음 걸음마다 딴지걸어
힘부쳐서 따운되는 그작전을 펼쳐보네

안티들은 지독하다 아무작전 소용없네
교육부도 교장들도 웬만하면 됐었는데
인신비방 인격모독 제발등에 침뱉기요
게시판에 오는손님 모두안티 돼버릴뿐

에구이거 큰일났네 오하라가 일또냈소
신위원장 학교에다 자료조작 글올렸네
학교사람 눈빛들이 범상치가 않았더라
암만봐도 이러다간 대형사고 터지겠네

그렇다고 이실직고 하기에는 조직걱정
이리궁리 저리궁리 온갖머리 다짜낸다
우리조직 잘하는것 거시기가 있지않나
거시기를 머시기로 쓱싹해서 쓰면되지

---

24) ohara님의 자료 공개 이후, ohara님의 글만 나오면 비아냥과 욕설을 줄곧 해댄 전교
조측 필명들임

조류독감 걱정없는 오리발을 뽑아든다
오류였다 둘러대면 안티들이 어이알리
언어유희 구사하고 위원장직 사퇴하면
사과라고 생각하고 안티들은 물러난다

아이고야 이게웬말 혹떼려다 혹붙인꼴
논리정연 안티들의 조준사격 몰아치네
한겨레의 반전평화 응원해준 기사조차
이제보니 독이더라 달콤해서 착각했지

봄은다가 오건마는 이내맘은 엄동설한
뿌린대로 거두리라 그말만을 기억하면
애시당초 이런봉변 안겪어도 됐을것을
머리채를 움켜쥐며 이한밤에 눈물짓네

■ 離別之情

[뿌리]

梨苒駐立餞皎照 …………… (이념주입전교조)
墟圍慈遼眺昨偕 …………… (허위자료조작해)
空熄邂命聽遲燎 …………… (공식해명청하니)
忐愁懶孤虞豈奈 …………… (실수라고우기내)

(해석) 이별의 정

배나무 늘어선 곳에 말을 메고 서서 비치는 달빛에 이별을 하고,
폐허된 옛 성터 주위에서 멀어진 사랑에 함께 한 옛일을 그리네.
공허히 사라져 버린 운명적 만남에 멀리서 그대 소식 들으니,
불안, 근심, 나태, 외로움에 어찌해야 할지 몰라 근심스러워 하네.

(자구풀이)

梨 : 배꽃 이, 苒 : 늘어설 념, 駐 : 말머물 주, 立:설 입, 餞 : 전별할 전, 皎 : 달빛 교, 照 : 비출 조, 墟 : 옛성터 허, 圍 : 둘레 위, 慈 ; 사랑 자, 遼 : 멀 료, 眺 : 바라볼 조, 昨 : 어제 작, 偕 : 함께할 해, 空 : 빌 공, 熄 : 꺼질 식, 邂 : 우연히 만날 해, 命 : 목숨 명, 聽 : 들을 청, 遲 : 멀

하, 儞 : 너 니, 忒 : 불안할 실, 愁 : 근심 수, 懶 : 나태할 라, 孤 : 외로울 고, 虞 : 근심 우, 豈 : 어찌 기, 奈 : 어찌 내.

(해설)

이 시의 작자는 미상이며, 일설에는 전교조를 아주 사랑한다고 한다. 헤어진 옛사랑을 못 잊어 가슴 아파하는 심경을 노래 한 시이다.

■ 단순함이 아름다울 때가 있다.
[진등]

많이도 취했건만 죽으라 아니라고 합니다.
수영 실력도 시원찮은 것이 자꾸 깊은 물로, 위험천만이건만 죽어라 아니라고 합니다.
맵고 짜기만 할 뿐 별 맛도 없건만, 만든 사람은 죽어라 맛있다고 합니다.
한 참을 잘 못 갔건만 죽으라 그 길이 맞다고 합니다.

내가 사는 시골길엔 소똥이 많습니다.
앞서가는 친구가 무심코 밟았습니다.
"야, 너 소똥 밟았어."
"그래? 말해줘서 고마워."
흐르는 냇물에 설렁설렁 씻고 그냥 갑니다.
별 일 없었지요?

"야, 너 소똥 밟았어."
(소똥 묻은 신발 벗어들고) "뭐? 언놈이 길가에 소똥을 싸게 하였노. 그리고 남이야 소똥을 밟았던 개똥을 밟았던 무슨 참견이여. 너 갈 길이

나 똑 바로 가 임마."
 별 일 없었겠습니까?

 엊그제 마을에 결혼 잔치집이 있었습니다.
 시골 잔치가 으레 그렇듯이 돼지 한 마리가 희생되어야지요.
 마을 사람 몇이서 돼지를 잡습니다.
 예닐곱 살 되어 보이는 아이들 몇이 구경을 합니다.
 할아버지 한 분이
 "아이들은 저리 가거라. 숭축한 모습은 아이들 보는게 아녀."
 아이들은 멀찌감치 물러나서 그래도 신기한 듯 기웃거리다가 어느 순간엔가 고개를 돌리거나 손으로 눈을 가립니다.
 자연스런 현상입니다. 아이들은 그러면서 스스로 깨우쳐 갑니다.

 "애들아, 이리 오너라, 사람들은 돼지를 얼마나 잔인하게 잡는지, 그리고 돼지는 마지막 숨을 어떻게 거두는지 똑똑히 보아야 한다."
 아이들이 배우는 것이 무엇이겠습니까? 가르치는 사람이 경직되면 아이들은 굳어버립니다. .

 단순한 것이 아름다운 것입니다.
 아닌 것을 기라고(맞다고) 우기다 보면 어느 순간엔가 자기세뇌 되기 쉽습니다. 그러다보면 동조자도 하나 둘 생기고 뭉치게 되면 새로운 가짜 논리를 개발, 무장하게 되고 각질은 두꺼워집니다.

 그냥 단순하게 사세요.

■ 어린이날에 생각한 윤금이 씨 사진 교육
[ohara]

'어린이는 해로운 사회 환경과 위험으로부터 먼저 보호되어야 한다.'

이것은 대한민국 어린이 헌장 여덟 번째에 명시되어 있는 말입니다. 우리는 지난 한 달여 동안 만행에 가까운 전교조의 여러 가지 행동들을 비난해 왔습니다. 그 중에서도 큰 물의를 일으킨 사건은 윤금이 씨의 참혹한 피살현장 사진을 사용한 교육이었습니다. 많은 학부모, 국민들이 근심, 걱정, 우려를 표명하였음에도 유감스럽게도 전교조는 소위 '실체적 진실'을 보여준 것이 무엇이 잘못이냐며 추호의 반성의 기미도 보이지 않습니다. 잘못을 인정하지 않거나 반성하지 않는다는 뜻은 언제 건 또 다시 이러한 일이 일어날 수도 있음을 뜻할 수도 있겠지요.

윤금이 씨 피살현장사진을 사용한 교육의 목적이 SOFA 개정이었건, 맹목적인 반미였건, 또는 다른 그 어떤 목적이었건 교육이란 미명하에 참혹한 시신 사진을 아이들에게 보여준 것은 그 어떤 이유로도 정당화 될 수 없습니다.

우리는 산이 높고 물이 깊다는 것을 가르치기 위해 아이들을 산 속에서 헤매게 하거나 물에 빠뜨려 허우적거리게 하지 않습니다. '먹거리는 어떻게 준비되는가'를 가르치기 위해 아이들을 도살장으로 데려 가지는 않습니다. 폭력과 섹스, 잔혹한 장면이 등장하는 영화에도 등급을 가려

아이들의 고운 심성을 보호하려 하고 있습니다.

　일전에 한국의 한 야구선수가 미국 야구장에서 공으로 새를 맞춰 부상을 입힌 일이 발생했습니다. 그 사건으로 인하여 그 선수는 벌금을 물어야 했고, 사회적으로 격렬한 비난을 받았으며, 잘못을 인정하고 자숙해야 했습니다. 한갓 야생조류도 이처럼 보호하는데…….

　윤금이 씨 사진을 이용한 교육 사건이 선진국에서 일어났다면 어떻게 되었을까요? 담당 선생님은 교단에서 추방됨은 물론 사회적으로 매장되고, 아마 형사 소추되어 실형을 선고받았을 것입니다. 결코 용서받기 힘들었을 것입니다.

　아무리 철이 없고, 나이 어리고, 객기와 교만으로 가득 찼다고 하더라도 어찌 선생이란 자리에 있는 사람이 그럴 수 있단 말입니까?

　다음은 소파 방정환 선생님의 '어린이 찬미' 중에서 인용한 것입니다.

　'어린이는 슬픔을 모른다. 근심을 모른다. 그리고, 음울한 것을 싫어한다. 어느 때 보아도 유쾌하고 마음 편하게 논다. 아무 데를 건드려도 한없이 갖은 기쁨과 행복이 쏟아져 나온다. 기쁨으로 살고, 기쁨으로 놀고 기쁨으로 커 간다. 뻗어 나가는 힘! 뛰노는 생명의 힘! 그것이 어린이다. 온 인류의 진화와 향상도 여기 있는 것이다. 어린이에게서 기쁨을 빼앗고 어린이 얼굴에다 슬픈 빛을 지어 주는 사람이 있다 하면, 그보다 더 불행한 사람이 없을 것이요, 그보다 더 큰 죄인은 없을 것이다.'

　오늘 어린이날을 맞아 우리 모두 교육을 빙자한 무분별한 폭력으로부터 아이들을 보호해야 한다는 다짐을 새로이 하기를 바랍니다.

■ 전교조와 그 지지자들에게 보내는 봄바람의 노래

[봄바람]

전교조 여러분, 봄바람은 반미든 친미든 그 자체를 논하는 것이 아닙니다.

다만 어떠한 경우일지라도 어린이와 청소년들은 정치와 이념의 도구화가 되어서는 안 된다는 것입니다.

세상의 모든 어린이와 청소년들은 사상과 정치와 종교로부터 자유로울 권리가 있다는 것이며 전교조에게 그것을 요구하는 시위를 하는 것 뿐입니다.

예를 들어 윤금이 씨의 사진 수업은 세상의 모든 교육자들과 정신과 의사들이 진저리를 치는 사건입니다.

여중생들의 사고사는 국가간의 법리적인 조약과 해석의 차이이며 윤금이의 사건은 정신병자들이 저지르는 단순한 하나의 사건입니다. 미국이라는 특정국가의 명령 즉 미군의 명령으로 일어난 살인이 아닙니다.

단순한 사고를 가지고 그 특정한 국가와 국민들을 야만인 취급한다는 것은 상식적으로 이해하기가 어렵다는 것입니다.

사실이 이러함에도 특정한 국가와 국민들을 악의적으로 비난하는 전교조는 그 어떤 의심도 면하기 어렵다는 것입니다.

전쟁과 평화 국제간의 질서 이러한 것들을 정의하는 일들 또한 학자들과 역사가 판단할 문제이지 전교조가 단정해서도 안 된다는 것입니다.

봄바람이 전교조에게 요구하는 것은 용광로가 되라는 것입니다.

그런데 전교조는 자신들이 용광로가 되고 그 쇳물을 가지고 자기들이 원하는 제품을 만드는 만행을 저지르고 있다는 것입니다.

거듭 다시 한번 말합니다. 어떠한 경우일지라도 어린이와 청소년들은 정치와 이념의 도구화가 되어서는 안 된다는 것입니다.

세상의 모든 어린이와 청소년들은 사상과 정치와 종교로부터 자유로울 권리가 있다는 것이며 전교조에게 그것을 요구하는 시위를 하는 것뿐입니다.

지금이라도 전교조가 교단에서 특정한 정치와 사상과 종교로부터 엄정중립을 선언하고 각종 노동단체로부터 독립하여 교육만을 위한 단체로 존속하겠다고 불변하는 약속을 한다면 봄바람은 처음처럼 적극적인 전교조의 지지자가 될 것입니다.

봄바람은 전교조의 이러한 독선과 독단의 만행을 규탄하는 것입니다.

해체 전교조
전교조 없는 참 맑은 세상을 위하여…….

■ 계기교육 실시를 앞둔 조합원들께 드리는 당부

[ohara]

전교조는 "김선일 씨의 안타까운 죽음을 추모하는 반전평화 계기 수업을 실시키로" 결정했다. 전교조 대변인 송원재 명의의 보도자료에 의하면 전교조는 "평화는 인류공통의 보편적 가치이며, 교육자들에게는 이것을 아이들에게 가르쳐야 할 책임이 있다"고 판단하였고, "아직 판단력이 미숙한 청소년들에게" "폭력은 또 다른 폭력을 부르는 악순환만 가져온다"는 점을 지적함으로써 평화에 대한 확고한 믿음을 심어주고, "고 김선일 씨에 대한 이라크 무장단체의 테러 역시 결코 용납될 수 없는 폭력"이라는 사실도 함께 강조할 계획 이라고 한다.

또한 자료는 "언론보도와 여러 인터넷 홈페이지 등을 통해 이미 공개된 자료들을 선정하여 정리한 것"이며, "교사가 필요에 따라 취사선택 또는 재편집하여 사용할 수 있도록" 만들었다고 한다.

이 자료의 목차는 다음과 같다.

〈자료 목차〉

1. 김선일 씨 그가 우리에게 남긴 것은
   - 김선일 씨 프로필과 사건일지
   - 김선일 씨가 남긴 유언
   - 김선일 씨가 친구에게 보낸 마지막 이메일
2. 가족들의 아픔 그리고 평화 기원
   - 김선일 씨 가족의 절규
   - 이슬람 무장세력에게 납치 살해당한 미국인 아버지의 편지
   - 9·11테러 희생자 유가족 대표의 전자 메일
3. 현지에서는 한국군 파병을 어떻게 보는가
   - 팔레스타인 나자대학 교수의 글
   - 이라크 현지인의 편지
4. 이라크 파병, 어떻게 할 것인가?
   - 파병찬반 논란
   - 이라크 추가파병 중단 및 재검토 국회의원 결의안 전문
5. 전쟁 중에도 보호받아야 할 인권

전교조가 인용한 김선일 씨가 남긴 유언과 가족의 절규에는 '파병반대'가 명확히 들어 있으며, 이슬람 무장세력에게 납치 살해당한 미국인 아버지의 편지와 9·11테러 희생자 유가족 대표의 전자 메일에는 미국의 이라크 침공을 반대하는 메시지가 포함되어 있다. 세 번째 항의 팔레스타인 나자대학 교수의 글과 이라크 현지인의 편지는 모두 한국군의 파병을 반대하는 내용이다. 네 번째의 파병찬반 논란은 제목만 그럴싸할 뿐 그저 구색 맞추기에 불과하다.

파병찬성의 글은 "이라크 파병 흔들 때인가"라는 동아일보 사설 한 편 뿐인 반면, 파병반대는 한겨레신문 사설과 '이라크 추가 파병 중단 및 재검토 여야국회의원 결의안', '파병중단 및 재검토 결의안을 제출한 여야 의원 50명이 발표한 김선일 씨 피살사건에 대한 입장' 등 모두 세 편이며 그 분량에 있어서도 비교가 되지 않는다.

마지막 다섯 번 째도 제목은 '전쟁 중에도 보호받아야 할 인권'으로 붙여 두었으나, 실제 내용은 '이라크인 포로 인권침해 문제' 및 '미군 폭격 등에 의한 이라크 팔루자 민간인 살상에 대한 증언' 내용이 압도적으로 많고, 여기에도 한국군의 파병을 반대하는 현지인의 인터뷰 내용이 들어 있다.

이런 전교조가 제작한 '반전평화' 목적의 교육자료, 특히 전교조가 지적했듯이 판단력이 미숙한 청소년을 대상으로 한 교육 자료를 보면서 몇 가지 지적하지 않을 수 없다.

첫째, 이 교육 자료는 '반전평화'를 겉포장으로 하여 판단력이 미숙한 청소년들 사이에 '파병반대' 의견 확산을 꾀하고 있다고 볼 수밖에 없다. 자료의 거의 전편에 걸쳐 전달되는 메시지가 '파병반대'이기 때문이다.

둘째, '파병반대' 의견이 들어가는 것이 자료의 성격상 어쩔 수 없는 일이라면, 찬성의견도 넣어서 균형을 잡아야 한다. 이라크인 개인들은 물론 사회단체에서 보내온 파병 요청 서신도 많으며, 미국인들 중에도 이라크 전쟁을 찬성하는 사람이 많다. 또한 대한민국 국회의원 중에도 파병을 반대한 국회의원보다는 찬성한 의원 수가 훨씬 많다. 그들의 의견도 같은 무게로 제시되어야 한다.

세째, 전쟁 중에도 보호받아야 할 인권을 얘기하고 싶다면 후세인 재임 중의 인권침해와 대량학살, 그리고 현재 일어나고 있는 잔혹한 테러 행위와 그로 인한 희생자들의 인권 얘기도 해야 한다.

비록 전교조는 '교사가 필요에 따라 취사선택 또는 재편집하여 사용할 수 있도록' 한다고 천명하였지만, 그것은 자료를 사용하는 교사 개개인에게 책임을 떠넘기고 조직은 발뺌하려는 비겁한 처사이다. 설사 취사선택을 한다고 하더라도, 거의 일방적인 주장으로 도배한 자료에서 취사선택한다는 것이 과연 무슨 의미가 있는 것인가?

판단력이 미숙한 청소년을 상대로도 굳이 교육을 하고 싶은 전교조 조합원이 있다면 간곡히 부탁한다. 교사의 양심을 걸고 자신의 주장이 아니라 객관적이고 균형 잡힌 교육을 실시해 주기 바란다. 이라크 문제 역시 중동 전체의 문제와 깊이 관련되어 있다. 중동문제를 이해하지 못하고 이라크 전쟁을 본다면 그것은 나무를 보되 숲을 보지 못하는 것과 같다.

학생들에게 중동문제, 특히 이스라엘과 아랍간의 오랜 갈등, 미국, 영국, 캐나다 등 서방국가의 끝없이 편파적이었던 이스라엘 편들기, 특히 친 이스라엘 일변도인 미국의 중동정책을 비판하라. 그로 인해 아랍세계가 느껴 온 좌절과 분노, 절망, 모멸감을 공부하고, 이해한 다음 학생들에게 얘기해 주라. 주요 중동 국가별 역사와 정치체계, 사회 문화적 특성과 배경 등을 얘기해 주라. 테러리스트들의 사무친 증오와 분노를 얘기해 주되, 그들의 무고한 인간에 대한 무차별적이고도 잔인한 테러는 용납될 수 없는 것이라는 점도 분명히 얘기해 주라.

이런 전체적인 얘기를 담담하게 객관적으로 얘기해 줄 수 있는 소양이 없다면 전교조가 시키는 대로 추종하지 말 것을 권고한다. 그것은 조합원 여러분의 짧은 편견을 가르치는 것일 뿐만 아니라 어린 학생들에게도 최소한 당분간은 여러분과 같은 편협한 사고구조를 가지게 하는 것이기 때문이다.

가르치지 않은 것은 가르치면 되지만, 잘못 가르친 것을 바로 잡으려면 그 몇 배의 노력이 필요하다. 아이들은 여러분의 개인적 생각을 배우기 위하여 학교에 간 것이 아님을 명심하기 바란다.

● '참교육' 말고 '그냥 교육'만 해주세요
[편저자 김동렬]

　교육은 바람직한 사람으로 자라도록 돕는 일로, 초중고 각급 학교에서는 개인의 발달과 국가사회의 발전을 위한 '의도적'인 교육을 한다. 현실적으로 표현하자면 21세기 정보화 사회, 민주복지사회, 개방된 국제화사회에는 어떤 인간상이 바람직할 것인가를 상정해 두고 학생들에게 이에 맞는 교육을 하는 것은 당연하다.
　과학의 합리 정신을 바탕으로, 인본주의와 민주주의에 대한 교육으로 심신이 모두 건전하게 하여 자기 개성에 맞는 길을 찾아 스스로 하고 싶은 일을 하며 사회에도 이바지하는 사람, 즉, '지덕체(智德體)를 고루 갖춘 전인(全人)으로서 자아를 실현하고 사회에 공헌하는 개성인(個性人)'으로 성장할 수 있도록 하는 의도적인 교육이 요구되는 것이다.

　참교육.
　전교조의 '참교육' 역시 민주, 민족, 인간화 교육이라는 3대 이념적 과제를 둔 '가치지향적', 즉, '의도적'인 교육임에는 틀림없다.
　하지만 문제는 '가치지향' 이전에 그 가치 자체가 국가 사회가 동의한 '보편적 가치'냐 아니냐 하는 것에 있다. 즉, 소위 '참교육'이라는 것이 전교조라는 노동조합이 특정 이념을 기반으로 가치를 지향하는 이념적 교육의 형태이므로 그 교육의 결과 역시 특정 이념의 우산 아래 서 있게 된다는 '가치편향교육'의 가능성을 내포하고 있는 것이다.

그러니, 어떤 경우엔 전교조가 하는 '참교육'이 '참 위태로운 교육'이구나 하는 생각을 갖게 한다.

예를 들어, 전교조는 민주시민을 만들기 위한 '민주교육'이다, '현실 참여'다 하는 의미를 부여하며 학생들을 '현실의 장'으로 끌고 나가는 일들을 많이 하고 있다. 아직 정신적으로 미성숙한 청소년 학생들에게 우리 국민들이 컨센서스를 이루지 않은, 내로라하는 전문가들 사이에도 쟁점으로 남아 있는 민감한 각종 정치, 외교 등의 사안에 대해서도 지지, 반대 촛불 시위 등에 동참할 것을 독려하곤 한다. 이런 행위는 보편적 가치를 검증받은 후의 가치지향교육이 아니다. 이익집단인 노동조합 전교조가 선생이라는 우월적 지위를 이용하여 자신들의 사상, 이념을 학생들에게 주입하는 가치편향교육이라고 볼 수 있는 것이다.

'학생 동지'.

심지어 전교조는 학생도 교육 주체의 하나라며, 2004년 5월 23일 '교육주체결의대회'를 하면서 학생들을 일컬어 부른 말이다.

'동지(同志)'라는 뜻이 무엇인가.

그냥 단순히 한자어를 풀면 '같은 뜻, 또는 같은 뜻을 가진 사람'이고, 구체적으로는 '어떤 일정한 목적을 위하여 긴밀히 결합된 특정한 정치적, 반사회적, 종교적 결사나 집단의 구성원 또는 그 구성원 상호간의 호칭'의 뜻인 것이다.

그렇다면 전교조는 학생들과 '일정한 목적'을 위하여 '긴밀히 결합'하는 관계를 갖겠다는 것을 선언한 것이다.

여기에서 주목하여 보아야 할 것은 '전교조 동지'와 '학생 동지' 간의 목적과 결합의 형태다. 즉, 스승과 제자, 성인과 미성년이라는 결합으로 이루어진 힘의 균형이 깨져 있는 형태이기 때문에, 비록 동지라고는 하나 이념성이 강한 노조인 전교조 동지에 의해 그 '목적'이 정해지고 '학생 동지'는 그 목적을 달성하기 위한 '도구'나 '총알받이'로 사용될 우려가 있다는 사실이다.

설령 전교조가 좋은 의도로 '참교육'을 한다고 하더라도 그것은 현실의 주역이 아닌 미래의 주역인 초중고 학생들에게 교육을 행하는 점에 유념해야 한다. 높은 이상을 품고 사랑하는 마음을 기르며 배움에 힘을 쏟아야 할 시기의 청소년 학생들에게 어른들의 '추악한' 세계를 미리 들여다보게 하고 투쟁심, 증오심으로 현실 참여를 권하는 일은 곤란하다. 선생님이라는 위상을 이용하여 학생들의 순수성을 손쉽게 빼앗아 가는 교육행위가 '참교육'이라면, 이것은 '그냥 교육'보다 못한 것이며 정확하게 표현하여 '반교육' 그 자체라는 비판을 면할 길 없다.

하루하루 급하게 변화하는 21세기에서 '참교육'이란 명목으로 우리의 초중고 학생들이 특정 '이념'에 발목 잡힌 채 21세기 선진 대한민국의 자랑스런 국민이 되기 위한 교육을 제대로 받지 못하게 된다면 그들의 미래는 물론, 우리 사회, 우리나라 국가의 미래는 암울할 뿐이다.

그럴 바에는 '참교육'의 '참' 자는 빼고, '그냥 교육'이라도 제대로 하자.
정작 우리나라, 우리 사회에 필요한 것은 부모에게 효도하고, 이웃을 사랑하며, 법과 규정을 준수하고, 민족과 국가를 사랑하는 마음을 굳게 갖게 하고, 근검 성실하고 노력하는 등의 보편적 가치를 소중히 생각하게 하는 사람을 만드는, 그런 '그냥 교육'부터 확실히 다지자는 것이다.

■ 전교조의 존재 가치는 백해무익한 것이다
[봄바람]

만일 전교조가 참 교육을 실천하려는 참 스승의 모임이라면 봄바람은 적이 아니고 열렬한 지지자라는 것이다.

그러나 지금 전교조는 교육이라는 학문의 성역에서 가장 경계해야할 독선과 독단으로 자신들만이 최고의 지식과 가치를 소유하고 있다는 참으로 어처구니없는 우월감에 사로잡혀 선민의식에 푸욱 빠져있는 괴물 집단이라는 것이며, 사실이 이러하기에 지금 국민들이 분노하면서 그 집단의 해체를 요구하고 있는 것이다.

지금 전교조가 어떠한 주장을 하고 실천하여 국가와 사회에 미치는 그 공덕이 태산보다 더 높고 많다고 하여도 이러한 반교육적인 전교조의 폭력과 사상이 저지르는 피해에 비하면 〈조족지혈(鳥足之血)〉, 새 발의 피에도 미치지 못한다는 것이다.

적게는 개인과 개인간의 상생과 화합에서 크게는 국가와 국제사회에서의 상생과 화합, 공존과 발전을 교육해야 할 스승 집단이 자신들의 이익을 위해 어린 제자들을 이념의 실천과 사상의 도구화로 만들어 버렸으며, 개인과 개인 간에 불신과 반목을 조장하여 국가의 백년대계를 어지럽게 만들고 국제사회의 관계와 질서를 왜곡하여 국가와 민족의 자존을 훼손하고 있으니 전교조의 존재 가치는 백해무익한 것이다.

다시 말하여 그것이 개인이든 국가사회이든 서로의 선(善)과 선(善), 이익과 이익이 충돌하면서 급변하는 현대사회에서 상생과 화합을 교육하고 발전적인 새로운 가치를 창출할 수 있도록 그 방향을 제시해야할 전교조라는 교육집단이 일방적이고 편향된 사상과 폭력적인 투쟁을 벌임으로써 오늘날 노·사·정, 이라는 국가사회가 극단적인 폭력으로 총체적인 국난에 이르게 된 것이다. 그 배경과 중심에 전교조가 있으며, 주범이라는 것이다.

그럼 참교육의 정의는 무엇인가? 어떻게 하는 것인가?
"내가 가리키는 것은 달이다. 달을 쳐다볼 뿐 그것을 가리키고 있는 내 손가락을 보지 말라"는 산중의 불가(佛家)에 전해오는 교훈이 있다.
바로 이것이다. 지금 당장은 물론이거니와 미래의 세계에서도 참교육은 부처님의 손가락이며 더도 말고 덜도 말고 그 손가락 하나가 '교육의 전부이며 이상'이어야 한다.
부처님의 손가락은 우리가 나갈 '이상'이라는 달을 가리키는 것, 즉 방향의 제시 그 이상도 이하도 아니다.

거듭 말하거니와 이 하찮은 시골 촌부의 어리석은 눈에도 전교조의 이러한 모습이 보일 진데 하물며 천하에 그 어찌 인물이 없다고 하겠는가?
대한민국의 집집마다 거리마다 석사와 박사들이 넘쳐나는 세상이다.
지금 전교조의 행태는 마치 거대한 장강의 물결 위에서 하찮은 새우 한 마리가 그 물이 얕다하며 튀는 것과 같은 어리석음이다.

전교조여, 정녕 그대들이 참교육을 생각하는 참스승이라면 먼저 모두 버려라.

그대들이 안다는 것도 그리고 가졌다는 것도 모두 버려라.

그리고 생각하라.

첫째도 둘째도 셋째도 교육만을 생각하라.

왜냐하면 전쟁도 평화도 국가흥망과 민족의 자존도 교육이 그 바탕이며 힘이기 때문이다.

해체 전교조
전교조 없는 참 맑은 세상을 위하여……

■ '참교육'의 기본방향은 바꾸어야 한다
[스전폭]

전교조의 참교육이라는 것이
민족, 민주, 인간화 교육이라고 하셨군요.
그렇다면 아래와 같이 바꿔서 해보시겠습니까?
본인의 '참교육'은 그 기본방향이 아래와 같은 바, 참고하시기 바랍니다.

1. 민족 교육

지금의 '민족 동질성'을 빙자한 친북 일변도의 전교조 교육은 잘못되어 있음.

한민족의 우수성, 자랑스러운 부분을 중점적으로, 구체적으로 지도하고 과거지향적 보다는 미래지향적 역사관을 가질 수 있도록 최대한의 자료를 활용하여 민족 자긍심을 느낄 수 있는 방향으로 전개해야 할 것이고 우리나라가 세계 속의 강대국으로 갈 수 있다는 자신감을 심어주는 교육 방향으로 나가가야 할 것임.

북한에 대해서는,
한민족의 혈연적 동질성을 강조하는 것은 당연한 것이나 6.25 남침에서의 김일성의 민족에 대한 '죄'를 확실하게 학생들에게 주지시켜야 하고, 이로 인한 민족의 피해 참상도 정확히 알려야 함.

김 정일 세습 독재에 따른 북한 주민들의 참혹한 생활상, 공산주의, 사회주의, 주체사상으로 인한 북녘 동포들의 이념적 차이점, 사상무장 상태, 교육 실태 등을 교육시켜 민족의 동질성과 이질성 양면을 동시에 가르침으로 해서 같은 민족에 대한 사랑과 경계심이 동시에 균형을 이룰 수 있도록 함.

(U대회 때 북한 '미녀 응원단'이 보여준 '민족의식'과 '체제수호'에 대한 양면성을 우리도 분명히 같이 갖고 있어야 함)

2. 민주교육

지금의 전교조처럼 '평등'이라는 관점에서 출발하는 것은 대단히 위험함.

자칫 평등이라는 개념이 어린 학생들에게 잘못 전달되면 자본주의에서는 절대 이룰 수 없는 '부'와 '권력'의 평등까지를 그 지향점으로 삼을 수 있기 때문에 민주주의 교육 한다고 했다가 반대로 공산주의, 사회주의 교육이 되어 버림.

민주주의 교육은 '자율'로부터 시작되어야 한다는 것을 중점적으로 교육시켜야 함.

즉, 사회생활에서 누가 타율적으로 시키지 않더라도 자발적으로 지킬 것을 지키고 사회의 공동선을 위하여 자신의 할 일은 무엇인가, 스스로 생각할 수 있는 능력을 키워주는 교육을 필요로 함.

3. 인간화교육

나부터 챙기자는 '인권'으로부터 시작하는 현재의 인간화교육은 '이기주의' 불량시민들만을 양산하여 선진강대국으로 가는 길에 깔려진 지뢰이자 철조망 같은 것이다.

'사랑' 으로부터 시작하여야 함.

자기가 남으로 부터 받은 '작은 은혜' 는 크게 생각하고,
자기가 남에게 행한 '작은 잘못' 도 크게 생각하는,
남을 배려하는 마음이 큰 사람들을 만들어 나가는 것이 인간화 교육이 될 것임.

제대로된 인간화 교육은 '이타주의' 를 근본으로 하여, '우리' 라는 틀을 크게 갖는 '1류시민' 들을 배출해 냄으로써 궁극적으로 인적 국가경쟁력을 크게 상승시켜 우리나라가 선진 강대국으로 가는 길의 기본이 될 것임.

■ 참 딱한 그림

[스전폭]

전교조가 어린 학생들에게 반전평화니 뭐니 하며 한 반미 세뇌교육에 다가, 그들을 광화문에 데려 나가 허구헌 날 미선이 효순이 추모한다며 수상한 무슨 민련 같은 '시민 없는' 시민단체들과 합세해 촛불시위로 '가열찬' 반미운동을 전개한 결과, 드디어 미국이 이제 우리를 떠나가는 수순을 밟기 시작했다.

전교조, 그래서 고소한가?

우리나라는 세계적으로 유래없이 '이념' 전쟁이 하나의 민족간에 반백년 이상 지속되고 있는 세계 유일한 나라이다.

해방 후 우리 한반도는 세계의 패권을 다투던 미소 양국의 이념의 전장화가 되어 버리고 6.25 동란을 거치면서 그 이념의 벽은 더욱 공고해져 갔다.

1980년대 구 소련의 공산 체제가 붕괴, 민주주의, 자본주의의 승리를 통하여 세계 전체적으로 이념의 대립으로 인한 지역적 전쟁 가능성은 거의 소멸되었다. 즉, '냉전체제가 종식' 되었다고 불리워지는 시대가 도래하게 된 것이다.

그러나, 세계에서 아직 '이념'으로 버티는 두 곳이 있으니, 바로 김정일의 북한과 카스트로의 쿠바다.

쿠바의 경우 단일 영토가 모두 같은 이념이므로 인접한 세계 최강대국 미국과의 긴장만 존재할 뿐 민족간 이념의 갈등으로 인한 전쟁 가능성은 없다고 보아야 하며, 미국으로서는 '공산주의' 쿠바의 존재는 카스트로라는 독재자의 도구로만 활용되고 있을 뿐, 조금도 미국을 위협하는 존재가 되지 못할 뿐 아니라, 예상되는 쿠바의 민주화와 국가 개방에 따라 향후 미국의 주요 '고객'이 될 가능성이 높을 뿐이어서, 쿠바의 '이념'은 이미 냉전시대 종식과 더불어 사라진 것이나 다름없다.

그런데, 우리 한반도의 경우는 어떠한가.

6.25 전쟁시 미국이 주축이 된 유엔군의 참전으로 통일을 목전에 둔 시점에서 선전포고도 없이 자행한 중공군의 전쟁 개입으로 다시 전선이 남으로 이동되었고 결국 휴전도 우리의 뜻과는 달리 미소간의 정치적 타협으로 매듭지어져 버렸다.

그만큼 국제간에는 어느 나라든 궁극적으로는 자국의 이익을 최우선으로 생각 한다는 것이다. 그럼에도 오늘날 이 때까지 우리나라는 민족 간에 서로 총부리를 마주대고 휴전선을 지키고 있는 세계 유일의 나라가 되어 있다.

북한은 부자 세습으로 독재와 공산주의를 같이 하고 있다는 점에서 쿠바와 또 다르며, 이념 교육 역시 유치원 때부터 대학까지 김일성 주체사상과 더불어 세계적으로 그 유래가 없는 고강도 교육을 시키고 있는 것으로 알려져 있다. 즉, 북한에서는 아직도 이념 전쟁을 쉬지 않고 계속하고 있는 것이다.

이런 마당에 우리 대한민국의 이념 사정은 어떠한가.

DJ정부 이후 대한민국은 자유민주주의에 대한 이념의 붕괴가 서서히 시작되더니 급기야 현 정부에 들어서는 오히려 기존의 이념을 지키려는 것을 공공연히 '냉전 수구 세력'이라고 매도하며 국가 정체성을 변질시켜 나가는 무리들의 목소리가 커지고 있는 현실이고, 시민 없는 불순 시민단체와 전교조같은 교사집단은 전통적 동맹 우방인 미국에 대해 북한과 똑같이 '자주국방'을 구실로 '양키 고 홈!'을 외치고 있는 형편이다.

시민 없는 불순 시민단체와 전교조같은 교사집단의 특징은 무책임하다는 데에 있다.

이들은 '자주국방'을 하자면서도 대안은 없다. 있다고 한다면 국방비 예산을 올리면 된다는 단세포적인 발상 수준을 넘지 못한다.

그들은 북한의 적화 야욕을 경계하는 목소리를 '냉전 논리'라며 매도한다.

그러나 냉전은 지금 우리의 엄연한 '현실'이지 '논리'가 아니다.

한반도 주변에는 온통 만만치 않은 나라밖에 없음을 알아야 한다.

현재는 북한이 대한민국의 가장 큰 위협적 존재이다.

일본은 세계 경제 산업 최강국이며, 실리외교를 통해 이미 아시아의 미국 대리인이 되어 가고 있다.

중국은 이미 경제, 산업 등에서 잠에서 깨어난 사자로 미국의 '가상적'이 되어 있다.

러시아는 조용하지만 '상황' 발생시 자국의 이익을 위해서는 언제 어떻게 어떤 모습으로 우리 앞에 나타날지 모른다.

'미군 철수'가 의미하는 것은 무엇일까.

한반도에 미군을 더 이상 주둔할 가치를 느끼지 않는다는 의미로 해석해야 할 것이다.

우리나라 입장으로는 그동안 주한미군이 대북 전쟁 억제 역할을 해준 것이지만, 미국의 입장에서는 단지 대 북한만이 아니라 대 중국, 대 소련 등 아시아 전진기지로의 역할을 해 온 것이다.

그러나, 공산주의의 몰락으로 사실상 대 중국, 대 소련 전진기기로서의 역할은 감소하고 대한민국과의 동맹 관계로 '이념' 대치 중인 대 북한 전쟁 억제 역할을 해 왔지만 이제 대한민국 스스로가 이념에서 미국과 다른 길로 접어들고 있으니 미국으로서는 대한민국을 그리 중요하게 보아 줄 이유 역시 감소, 소멸하고 있는 것이다. 막말로 전쟁이 나건, 안 나건 간에 '잘 해봐라' 그런 식이 된 것이다.

미국의 아시아 전진기지는 일본에 두어도 상관이 없다는 얘기다.

대신 미국은 일본에 큰 힘을 실어 주는 것이다.

인구 13억에 큰 영토, 경제력, 과학 기술력, 핵 보유 등으로 세계 최강으로 달려 나온 잠 자던 사자, 중국.

어차피 강대국들은 패권주의에서 벗어날 수 없는 속성을 지니고 있기 때문에, 사자 중국이 가까운 미래에 세계 최강국이 될 것임을 예견하고 있는 미국과 일본은 중국에게 세계 패권을 넘겨주지 않고 세계 패권을 공동 장악하겠다는 의도에서 몇 년 사이에 세계에 대 놓고 보란듯이 군사 동맹을 강화시켜 나가고 있는 것이다.

즉, 한반도가 통일이 되건 안되건 미국은 그다지 큰 관심이 없다. 미국의 관심은 세계 패권의 지속적 유지이다.

그러나 일본과 중국은 다르다.

일본은 무사의 나라이면서 섬 나라라는 지형학적 한계를 극복하려고 끊임없이 대륙 진출을 도모하는 나라이며 그것은 임진왜란 이후 지속적으로 이 한반도를 가장 우선 타깃으로 두고 진출 노력을 하고 있는 것이며 이미 35년간의 한반도 지배를 통해서 우리 민족, 우리나라의 장단점을 꿰뚫고 있으며 언제든지 '기회만 되면' 다시 쳐들어 올 것이다. 한일 간 시빗거리를 계속 개발 중이며 그 중 가장 유력한 것은 독도 문제와 해양 경계선, 어업 관련 문제가 될 것임은 대략 우리 모두가 짐작하는 일이다.

중국은 또한 어떠한가.
일본이 한반도 남부 고대 역사를 왜곡함에 이어 중국은 북방 고구려 역사를 자국에 편입시키려는 동북공정 프로젝트를 이어가고 있는 무대뽀에 숭악한 나라이다. 중국의 대한 인식은 아직도 우리를 저들의 변방국 정도로 보고 있으니 세계적으로 고립되어 비틀거리고 있는 북한에 대해서는 자기들의 변방국으로서 아주 망하지 않을 정도로만 도와주고, 챙기는 것은 특유의 중국 상술로 엄청 챙긴다.

아직도 한반도가 자신들의 영향력 하에 있다고 보는 중국은 한반도가 '자연사(自然死)'나 '자멸(自滅)'하는 단계에 힘 안들이고 중화권으로 편입시키는 응큼한 전략으로 나갈 것이며, 향후 우리나라가 약해지면 가장 '굴종적'으로 상대해야만 할 가능성이 높은 나라이다.

한반도에서 미국이 떠나가면 이제 이념으로 똘똘 뭉쳐진 김정일의 북한과, 일본, 중국의 위협 앞에서 우리는 어떻게 준비해야 할까? 우리도 먹지 않고 입지 않고 지금 북한처럼 군사력만 증강시키면 될까?

참 딱한 그림이 이미 내 앞엔 놓여져 있는데,
그게 왜 전교조 눈에는 안 보이는 것일까?
대체 뭐하는 사람들인가?

■ 시골이야기 - 땅 덕, 하늘 덕

[진등]

우리 동네 어귀에서 두 번째 집에 살고 있는 우리 집안 아저씨 이야기입니다.
그 분은 올해 연세가 팔십이 넘었습니다. 동네에서 꽤 존경을 받고 있습니다. 이웃 동네에서도 존경하는 사람들이 많답니다.

학문이 높은 것도 아니고 벼슬을 한 것도 아니고 그렇다고 말주변이 좋은 것도 아닙니다.
글공부래야 옛 서당에서 겨우 천자문 정도 읽은 수준이고 평생 농사만 지어 온 분이 어찌 그렇게 존경받을 수 있고, 이웃 동네에서 까지 설날에 세배를 오는 사람이 많은지 이해가 안 되는 부분입니다.

그 분의 생활 모습을 몇 가지 적어보겠습니다.
1. 부지런합니다. 아침 5시면 어김없이 일어나서 들에 나갑니다. 논의 물도 살피고, 소 먹거리도 장만하고……. 오는 길에 이웃 논 까지 살피려니 아침식사는 늘 늦습니다.
2. 동네는 물론이고 근동에 길흉사가 생기면 가장 먼저 달려가십니다. 특히 궂은 일은 도맡아 하십니다.

3. 아무리 나이 어린 사람에게라도 함부로 대하지 않습니다. 조카들이 인사를 가도 나이 어느 정도 찬 사람에게는 하대하는 것을 보지 못했습니다.

4. 마을 회의가 있는 날이면 꼭 참석을 하십니다. 말을 많이 하는 것을 본 적이 없습니다. 항상 다른 사람의 말을 경청하는 입장이고, 자기의 의견을 말할 때에도 젊은 사람의 입장을 고려하십니다.

5. 평생을 농사를 지었으면서도 농약이나 비료를 칠 때는 이장과 상의를 합니다.

6. 스스로 잘 못 한 일이 있었다고 생각되면 집안에서 잘 안 나오십니다. 그 이유는 저도 모릅니다. 젊은 사람에게 사과하는 것을 부끄럽게 여기지 않습니다.

7. 장날에 읍내에 나가는 날이면 항상 짐이 무겁습니다. 이웃의 장거리를 같이 보아오기 때문입니다.

8. 연세 드셨는데도 돋보기 끼고 늘 책을 보십니다. 신문도 보시고.

9. 잘 한 일을 자랑하는 것을 보지 못했습니다. 동네 사람들이 칭찬을 하면 오히려 송구스러워 합니다.

10. 어찌 이리 농사를 잘 지었습니까? 하면
"그게 어디 내 잘해서 그랬는가. 다 땅 덕이고, 하늘 덕이지."

그리고, 늘 하시는 말씀이 있지요.
"농사꾼이란 농사짓는 일에 몰두해야지 잡생각이 많고 쓸데없는 짓을 하게 되면 그 사람 쌀은 맛이 없는 법이야."
꼭 배운 것이 많고, 벼슬이 높아야 존경받는 것은 아니라는 것을 알았습니다.
배운 것 적은 나도 농사만 열심히 지으면 존경받을 수 있을까?

■ 현명한 농부

[진등]

소인은 농사꾼이라 농촌스런 이야기밖에 할 게 없군요.

하루가 다르게 벼가 무럭무럭 자랍니다. 농부는 흐뭇하게 바라봅니다.

벼는 농부가 가꾸는 만큼 수확을 준답니다.

1. 현명한 농부는 검증되지 않은 비료, 농약을 함부로 사용하지 않습니다. 단 한 번의 실수가 그 해 농사를 망칠 수 있다는 것을 알기 때문입니다.

2. 현명한 농부는 오만하지 않습니다. 자기 농사법만 옳다고 고집부리지 않습니다. 하늘을 두려워할 줄 합니다.

자기가 부지런하여 농사가 잘 되었다는 말을 함부로 안 합니다. 하늘에 감사할 따름입니다.

3. 현명한 농부는 단 한 알의 벼도 밟고 지나가지 않습니다.

벼 한 알의 소중함을 알기 때문입니다.

4. 현명한 농부는 금쪽 같이 여기는 벼로 밥을 먹는 사람이 "고맙다" 하지 않아도 노하거나 슬퍼하지 않습니다. 당연히 누군가가 배불리, 맛있게 먹으라고 지은 농사라는 것을 알기 때문입니다.

5. 현명한 농부는 하루를 쉬면서 "우리 논의 벼를 위하여 쉰다"고 하지 않습니다. 농부의 편안함과 수확량은 반비례한다는 것을 알고 있기

때문입니다.

6. 현명한 농부는 지난해 농사를 반성할 줄 압니다. 그리고 이웃의 말에 귀 기울입니다. 잘못을 되풀이 하지 않아야 좋은 수확을 올린다는 것을 알기 때문입니다. 그리고 농사는 여럿이 함께 힘 모아 짓는 것이라는 것을 알기 때문입니다.

7. 현명한 농부는 아무리 궁하여도 익지 않은 벼를 수확하지 않습니다. 자기의 이익을 위해 한창 자라고 있는 벼를 이용해 먹을 수 없다는 도리를 알기 때문입니다.

8. 현명한 농부는 뼈빠지게 지은 농사이지만 이웃과 나누어 먹을 줄 압니다. 농부야말로 진정한 배고픔이 무엇인지 알기 때문입니다.

9. 현명한 농부는 늙은 농부(농부의 아버지, 할아버지, 할아버지의 아버지……)를 업신여기지 않습니다. 지금의 현명한 농부를 있게 해 주신 분들이라는 것을 알기 때문입니다.

그리고(중요)

10. 현명한 농부는 거름주고, 물주고, 지슴메고, 농약쳐서 벼 알이 굵고 충실하게 익도록 노력 할 뿐이지 억지로 벼 알을 매달아 주려고 하지 않습니다. 어리석은 짓이라는 것을 알고 있기 때문입니다.

기타 : 현명한 농부는 자기 벼가 못되었다고 이웃 탓 하지 않습니다. 이웃의 잘 된 농사를 부러워는 할지언정 욕심은 안 부립니다.

이웃이 나무라면 고맙게 받습니다.

시험문제 1. 그 외 현명한 농부는 어떤 농부이겠습니까?

■ (상식)초등학생에게 묻는 전교조 퀴즈
[뿌리]

아래의 문제를 풀어보고 자신이 어디에 속하는지 알아보시오.

1. 전교조 선생님들은 걸핏하면 삭발을 하는데 삭발하는 이유 중 가장 옳은 것은?
   1) 원래 꼴X들이라서 아무도 관심을 안 가져 주니 관심 끌려고.
   2) 전교조가 하도 시끄러우니 이꼴 저꼴 안보고 머리 깎고 절에 들어가 중이 되려고.
   3) 전교조 교사는 촌지를 안받는 청렴한 교사라서 이발비가 없어서 공짜로 이발하려고.
   4) 삭발하는 교사 대부분이 예술에 관심이 많아서 행위 예술을 학생들에게 몸소 보여 주려고.

2. 전교조 선생님들이 연가를 내는 이유는?
   1) 특정한 날에 여럿이 모여서 자기 밥그릇 지키기 데모를 하려고.
   2) 주위의 불쌍한 소년 소녀 가장을 돌보기 위하여.
   3) 진정한 참교육을 위하여 자신의 부족한 지식을 보충하려고.
   4) 월급이 적어 생활하기가 힘들어 아르바이트로 생활비에 보탬이

되는 노가다를 뛰려고.

3. 전교조 선생님들이 가장 힘들어하는 일은?
1)윗사람을 공경하고 예의바른 행동하기.
2)걸핏하면 삭발하고 머리띠 두르고 데모하기.
3)떼로 모여서 윗사람 공갈 협박하기.
4)끝까지 자신의 잘못은 인정하지 않고 남에게 덮어 씌우기.

4. 보성초 전교조 여교사 두 명이 할 수 없는 것은?
1)진심으로 자숙하며 새로운 마음으로 학생들을 교육하기.
2)전교조와 합심하여 교장선생님 협박하기.
3)교감 책상 탕탕 치며 조퇴하여 데모에 참여하기.
4)교육청의 지시에 항의하여 병가 내어 데모하러 가기.

5. 전교조 선생님들이 교장을 직접 선출하려는 이유가 아닌 것은?
1)참다운 교육의 현장을 만들기 위하여.
2)전교조 출신의 교장을 선출하여 전학교의 전교조화를 만들려고.
3)자신들의 철밥통을 끝까지 지키려고.
4)자신들의 입맛에 맞는 교장을 선출하여 학교를 좌지우지하려고.

6. 전교조 여선생이 수업 중 적나라한 여성의 음부를 보여준 후 항의하는 교장과 학부모에게 하는 행동이 아닌 것은?
1)아직 어린 학생들에게 보여주기에는 민망한 자료를 보여줘서 죄송하다.
2)호기심이 왕성한 청소년에게 호기심 해소를 위하여 올바른 교재

선택이었다.
3) 의학 교재나 백과사전에도 여성의 음부는 나오기 때문에 하등 관계 없다.
4) 13세 14세 정도면 인터넷 음란 사이트에서 이미 다 봤기 때문에 상관없다.

7. 전교조 선생님들이 친북 교육을 하는 이유가 아닌 것은?
1) 우리나라는 헌법에 명시된 민주 공화국이기 때문에.
2) 김일성 주체 사상을 한반도의 유일한 존립 대안이라고 생각하기 때문에.
3) 김정일이 선군이라고 생각하여 북한이 잘 살고 있는 선진국이라고 생각하기 때문에.
4) 북한이 남침하여 적화 통일이 되어도 조국의 완전한 통일이라고 생각하기 때문에.

8. 전교조 선생님이 새로 부임한 선생님과 술을 마신 다음날 학생들에게 자습을 시키는 이유는?
1) 밤새도록 전교조 가입을 권유한다는 핑계로 전날에 마신 술이 덜 깨서.
2) 과도한 학습에 시달리는 학생들에게 잠시나마 자유를 주려고.
3) 세상살이가 고달프다고 선생님처럼 술 마시면 안 된다는 것을 몸소 보여주려고.
4) 학생들의 창의적인 교육을 위하여 스스로 생각하는 시간을 주려고.

9. 전교조 선생님들이 삭발하고 붉은 머리띠 메고 광화문 네거리에서

투쟁을 외치며 데모하는 이유는?
1)자기들 마음에 안 들면 무조건 삭발하고 투쟁하는 게 전교조 특기이기 때문에.
2)광화문에는 유동인구가 많아서 불쌍하게 보이면 동전을 던져주기 때문에.
3)집단 앵벌이하여 모은 돈으로 결식아동이나 소년 소녀 가장에게 생활비 보조를 하기 위하여.
4)가출한 학생들이 이런 우스운 모습을 보고 찾아오면 계도하여 집으로 돌려보내려고.

10. 전교조에 대한 정의로 가장 올바르지 않은 것은?
1)교육자의 양심을 지닌 진전한 스승님이시다.
2)위 아래도 모르는 패륜아 집단이다.
3)마음에 안 들면 집단으로 협박하는 조폭들이다.
4)학생을 볼모로 지 밥그릇 챙기는 양아치들이다.

보너스 문제

11. 전교조가 주로 하는 비유법으로 어울리지 않는 것은?
1)정직은 가장 올바른 정책이다.
2)삼순이 비빔밥에 물 말아 먹고 있는 소리한다.
3)성환이 바바리코트 뒤집는 소리한다.
4)미친년 속치마 바람에 널뛰는 소리한다.

정답 : 1~11 : 1번
한문제당 10점 (10문제~11문제 까지 100점)

채점결과

100점 : 참교육이 무엇인지 진정으로 아는 학생.
 90점 : 참교육을 조금은 알고 있지만 더 많이 알아야 할 학생.
 80점 : 겉모습만 참교육을 생각하지 속은 전교조 똘마니.
 70점 : 이하 바보, 멍충이, 말미잘, 해삼, 멍게같은 인간.

참고: 이상의 문제는 전교조가 이라크 전쟁 파병 반대를 주장하며 초등학생에게 질문한 내용을 패러디한 것입니다.

■ 초등학생에게 보내는 전교조 토론자료
[뿌리]

(초등학생에게 필히 일독을 권해 주십시오)

아래의 글을 읽고 토론을 하시오.

옛날 어느 마을에 민주화와 참교육이 만나 사랑을 했습니다.

이 둘은 결혼을 하여 엄청난 산고 끝에 아들을 낳았습니다. 많은 사람들이 이 아이의 탄생을 기뻐했고 축하했습니다. 그렇지만 혼인 신고를 못하여 이 아이는 법적으로 인정을 받을 수가 없었습니다.

나중에 학교 갈 나이가 되자 할 수 없어서 나라 임금님이 이 아이를 법적으로 인정했습니다.

학교를 가게 된 이 아이가 열심히 공부해서 훌륭하게 자랄 줄만 알았는데 동네 사람들에겐 청천 벽력같은 소식이 전해졌습니다.

알고 보니 이 아이가 민주화와 참교육이라는 허울을 둘러쓴 악마의 이념과 부조리의 혼외 정사로 생긴 사생아였습니다.

인류 역사상 사생아로 태어나 훌륭하게 된 사람도 많지만 이 사생아는 어떻게 된 게 정신 박약아에다 중증 지체 장애자였습니다.

증세를 보면 올바른 소리를 듣지 못하는 귀머거리, 바른 것을 전혀 보지 못하는 청맹과니, 걸음을 왼쪽으로만 걸으려고 하는 절름발이, 무조건 자기만 옳다고 하는 고집불통 편집광, 걸핏하면 대화보다는 수업에 빠지고 싸움하려는 선천성 성격 파탄 증세에 그것도 모자라 남의 제사에 감 놔라 대추 놔라하며 낄 때 안 낄 때 다 끼며 참견하는 것이었습니다.

그 동안의 행패를 보면 윗사람 협박하여 자살하게 하기, 윗사람 폭행하기, 자신과 생각이 다른 정상적인 사람 바보라고 흉보기, 걸핏하면 삭발하고 아무에게나 대들기로 온 동네 사람들의 근심만 커져 갔습니다.

이것도 모자라 윗동네에 아주 위험한 살인 강도가 살고 있는데 이 살인 강도를 흠모한다는 사실이었습니다. 이 강도는 현재 엄청난 무기를 숨기고 아랫동네 사람들을 위협하고 있습니다.

동네 어른들과 경찰-물론 이 경찰이 하는 일이 마음에 별로 들지는 않습니다만-은 이 강도가 가지고 있는 무기를 없애려고 궁리 중이었습니다.

하루는 이 경찰이 다른 동네 치안을 담당하러 갔는데 이 아이가 폭력은 안 된다고 하면서 경찰의 폭력 행위를 반대하는 게 아니라 경찰을 반대한다고 햇불을 들고 소리 소리치는 것이었습니다.
화가 난 경찰에게 할 수없이 동네 어른들은 경찰을 찾아가 싹싹 빌어야만 했습니다.

동네 어른들은 이제 더 이상 이 아이를 두고 볼 수가 없어 회의를 했습니다. 비록 정신 박약아이고 중증 장애자이지만 인간적인 삶을 살 권리가 있고, 그 동안의 행위가 괘씸하지만 이 불쌍한 사생아를 이렇게 방치하면 더 이상 인간적인 삶을 영위할 수 없다고 판단하여 의사 선생님에게 진단을 해 보라고 했습니다.

천만 다행히 이 아이의 모든 병은 수술하면 고칠 수 있다는 진단 결과가 나왔습니다.

마을의 모든 사람들은 기뻐하여 이 아이를 수술시키기로 했지만 어떻게 된 게 이 아이는 자기는 극히 정상이고 다른 모든 사람들이 비정상이라고 한사코 수술을 거부하는 것이었습니다.

어떤 사람은 죽게 내버려두자고 하고, 어떤 사람은 안락사 시키자 하고, 어떤 사람은 강제로 수술을 시켜야 한다고 합니다.

이 아이의 장래를 위하여 어떤 방법이 제일 좋을까요.?

아래의 문제를 읽고 답하시오.

문제1) 이렇게 행실이 나쁜 사생아는 누구일까요?
      1. 전교조   2. 일교조   3. 교육부   4. 선량한 선생님

문제2) 나쁜 무기를 가지고 있는 강도는 누구일까요?
      1. 김정일   2. 고이즈미   3. 후진타오   4. 자크 시락

문제3) 이 아이를 위하여 할 수 있는 방법을 토론하시오.

참고: 이상의 글은 전교조가 반미 감정을 조장하면서 초등생에게 토론 자료로 배포한 것을 패러디한 것입니다.

■ 반공교육 더욱 가열차게[25] 해야한다.
[진등]

연수 내용에 어째서 반공이 포함 될 수 없는가?
세기가 바뀌었으면 그것을 감지하고 정신 차릴만 할 때도 되었건만 어찌하여 자칭 진보라 이름하는 엉터리 진보들은 그 이념의 수렁에서 벗어나지 못하는가?
인류 역사발전에서 공산주의가 기여한 것은 없다. 오히려 퇴보시켰을 뿐이다. 그 공산주의를 가장 잘 실천한다고 자부하는 대표적인 정권이 김일성, 김정일이 정권이다. 그리고, 인민을 가장 많이 굶기고, 인민을 가장 통제하고, 인민을 가장 많이 학살하고, 인민을 가장 많이 잡아가두고, 인민의 인권을 가장 말살하고, 그리고, 인민이 자신의 조국을 버리고 도망치는 것이 가장 많은 곳이 그 곳이다. 그러한 문제점은 보이지 않고, 작은 것이나마 나누어 먹을 수 있다는 얄팍한 어리석음에 홀딱해서, 또, 신음하는 인민은 보이지 않고, 지배하는 수괴들의 마음 상할까봐 눈치나 실실 살피는 족속들이 상호인정과 화합을 외치는 오늘날 엉

---

25) 인천시 교육청이 주관한 중등교사 직무연수 중, '반공'에 대한 내용에 대해 전교조는 '시대변화 아랑곳 않는 냉전시대의 반공연수를 당장 중단하라!' 라는 보도자료(2004년 8월 6일자)를 낸 바 있음.

터리 진보들이다.

개진보들의 가장 추악하고도 머저리 같은 생각이란 것이 상호 인정과 화합의 대상이 북한 인민이 아니고, 역사의 시계를 반 세기나 거꾸로 돌려 놓은 공산주의 이념과 그것을 꿀통같이 기키고 있는 몇몇 북한 공산정권의 수괴라는 것이다. 입만 열면 역사는 민중의 힘으로 발전시킨다고 설레발을 까는 무리들이 막상 화합, 통일의 대상을 북한의 인민이 아니라 그 이념과 수괴들에 한정한다는 것은 그 얼마나 야비한 계산을 깔고 있으며, 그 한계 또한 가뭄에 말라버린 실개천 물기보다 못하다는 것을 스스로 드러내는 꼴이다.

김정일이의 눈치를 살펴서 그 비위를 맞추기 위해 간도 쓸개도 빼어주고, 해상이나 육상으로 인민군이 넘어와도 그것을 격퇴시킨 국군의 잘못을 들추어냄으로써, '아, 남조선 똘아이들이 나의 눈치를 살피고 슬슬 기고 있구만.' 하는 생각을 가지게 해 주는 것이 화해요 평화의 담보라고 생각하는, 우리 논 허수아비 대기라보다 못한 것들이 엉터리 진보들이다.

그러한 것은 북한의 인민들을 너무나도 무시하는 처사가 아닐 수 없다. 북한 인민들의 가슴속에 공산주의란 이념은 틀린 것이구나, 남조선의 이념이 월등하구나. 우리도 그러한 이념을 받아들이고, 이 개보다도 못한 공산정권을 무너뜨리고 새 나라를 건설해야겠구나, 하는 마음을 심어 주어서 당연히 그들로 하여금 주인의식을 갖고 떨쳐 일어나도록 도와주어야 마땅함에도, 〈인민들이란 것은 김정일의 말 한마디나, 손가락 한 번 까딱이는 대로 따라가게 되어 있으니 김정일 눈치만 잘 살피면 된다〉는 개똥철학을 가슴에 품고 있는 개진보들은 각성하라.

그리고, 명색이 선생이란 자들이 북한에 갔으면 만나는 북한 인민들에게 우리의 좋은 점을 홍보하고, 북한이 이러한 지옥 같은 지경이 되도록 한 데는 그 원인이 어디에 있는지 조목조목 이해시켜서 북한 인민들의 가슴을 열도록 할 생각은 않고, 그저 수괴들의 눈치나 실실 살펴서 무사 귀환할 생각만 가지고, 오히려 제 집구석 흉이나 보고 다니는 꼴이란 참 가관이 아닐 수 없다. 그것이 상호인정이요 화합이요 통일의 지름길이라고 굳게 믿고 있는 개진보들이야말로 역사의 수레바퀴를 다시 거꾸로 돌리려는, 말하자면 물구나무 서서 설사하는 꼴이라고 나할까? 그 똥이 어디로 들어가나?

공산주의의 허구와 문제점을 낱낱이 밝히고 가르쳐서 자유민주주의의 우월성을 인식시키는 것이야 말로 통일의 지름길이요 통일 후의 번영과 발전의 밑거름이 될 것이다.

기성정권에 식상해 있던 국민들을 상대로 케비에스, 엠비시, 한겨레 등을 동원하여 갖은 선전선동으로 개진보들이 몇몇 정치권력 속으로 들어오는데 성공하였다고 하여 온 세상이 썩어 문드러진 붉은 물로 채색되었다고 착각하는 무리들을 보면 참 불쌍타.

붉은 옷을 입고 있는 놈 보고, 너 붉은 옷 입었네. 하면, 이게 왜 붉어? 또, 색깔타령이냐? 하면서 거품을 무는 꼴이란 쯧쯧…….

상호인정, 화합, 통일, 평화, 반전……. 이런 좋은 말들이 개진보들의 입질에 오르내리고부터 비속어로 타락하고 있다.

Fact 3

제 3장
'참 이상한' 노동자들

교육공무원인 교사인가? 아니면 교육노동자인가?
노동자의 권리와 공무원의 의무가 서로 충돌할 때,
전교조는 그 중의 어느 쪽을 선택해 왔는가?

2003년 7월, 불법 연가투쟁 주도 혐의로 전교조 원영만 위원장이 구속되자, "현 정부의 개혁에 대한 모든 기대와 지지를 철회한다"며 위원장 구속에 항의하는 전교조.

표준수업시수 법제화 등, 교육부 상대로 단체협상 승리를 위해 전교조 교사들이 정부종합청사 후문에 모여 '노숙투쟁'을 하는 모습.

● 아무리 '카멜레온' 신분이라지만
[편저자 김동렬]

본분,

교사의 본분은 무엇인가.

교사는 개인의 성장, 국민 교육이라는 국가적 과업을 국가와 국민들로부터 수임받은 국가공무원들이다. 그러니, 그 본분은 학생들 교육에 충실하여 그들이 인격과 자주 정신을 가지고 장차 사회와 국가 발전에 기여할 수 있는 유능한 국민을 육성하는 것이다. 교사는 사랑과 봉사, 정직과 성실, 청렴과 품위, 쥰법과 질서를 앞장서서 지킴으로써 학생들의 거울이 되고 국민의 사표가 되어야 하는 것이다. 특히 군사부(君師父) 일체, 즉 임금과 아버지, 그리고 스승을 같은 격으로 두고 있는 우리나라 국민들의 전통적 스승관에 따라 많은 국민들은 우리나라의 학교 선생님들이 항상 그 본분을 다해주는 것으로 알고 존경심을 표하고 있다. 이러니 국가에서도 교육공무원 신분을 헌법 이하 공무원법, 교육공무원법 등으로 최대한 그 신분 보장과 그에 따르는 특별한 혜택을 주고 있는 것이다.

그런데, 선생님들의 노동조합인 전교조 (전국교직원노동조합),

그곳에 가입한 조합원 선생님들의 본분은 무엇인가.

노동자인가? 선생님인가? 노동자 선생님인가?

얼른 생각하면 알쏭달쏭하지만, 원리를 조금만 생각해 보면 그 해답이 나온다.

전교조 조합원이 되려면 우선 국가공무원, 그 중에서도 교육공무원인 교사가 아니면 안된다. 즉 교육공무원인 교사이기에 조합원 자격이 생긴 것이므로 그 본분은 당연히 국가공무원인 교사, 즉 선생님인 것이다.

전교조에서는 스스로를 '교육 노동자'로 칭하면서 주격 명사인 '노동자'를 그 본분인 것처럼 주장하고 있지만, 어디까지나 '노동자' 신분은 전교조라는 노동조합에 가입한 조합원이기에 특별히 '덤'으로 주어진 자격이므로 노동자가 그 본분이 되지 못함은 당연한 일이다.

전교조는 DJ정부 당시 IMF 구제금융 체제하에서 구조 조정의 문제로 노사정 합의 문제로 난항을 겪고 있을 때 노측이 양보하는 대신 정부가 그 '화답'으로 합법화시켜 준 교원노조이다. 당시 노사정 합의를 위한 조건으로 민주노총이 내걸은 '교원노조 합법화' 요구를 정부가 받아들이게 됨으로써 1989년 이후 '불법' 노조로 10년 동안 활동을 해 왔던 전교조가 1999년에 교원 노조에 대한 특별법(교원의 노동조합 설립 및 운영 등에 관한 법률)의 국회 통과와 함께 합법적인 노조로 출범하게 된 것이다. 이로서, 선생님이 노동자인가 아닌가에 대한 오래 된 논쟁은 어처구니없게도 IMF라는 국난 상황이 그 결론을 내려 준 셈이 되었다. 결국, '공인(公人)'인 교육공무원에게 '사인(私人)'으로서의 노동자 자격도 합법적으로 부여해 주기 시작한 것이다.

민주주의 국가에서 권리와 의무 관계는 일반적으로 균형 관계를 이룬다.

권리가 많이 주어지면 그에 수반하는 의무도 비례적으로 많아지고, 또 권리가 작아지는 경우는 의무 역시 작아지는 것이 공평한 것이다. 이와 달리 권리만 많다거나, 의무가 많다거나 하는 경우는 비정상적인 상태로 볼 수 있는데, 그 좋은 예가 바로 권리만 많이 주어진 전교조의 경우이다.

즉, 위에서 언급한 바와 같이 전교조 조합원의 경우 권리 측면에서는 국가공무원으로서의 신분 보장 등의 각종 혜택을 받고 있으며, 한편으로는 노동자로서의 혜택도 동시에 받고 있는 것이다. 한편, 의무 측면에서는 국가공무원으로서의 의무는 있지만 전교조 조합원으로서의 권리가 충돌하는 경우, 그 준수 책임의 범위, 내용이 모호해지는 경우가 많은 바, 현재로는 주로 전교조라는 노동조합의 권리 영역 하에 국가공무원으로서의 의무 준수 강제력이 약해져 실제로 전교조의 경우 누릴 권리는 많고 지켜야할 의무는 적은, 권리와 의무의 불균형이라는 기현상을 나타내고 있는 것이다.

이러한 전교조의 권리와 의무의 불균형은 조합원을 카멜레온 신분으로 만들어 준다.

전교조의 '투쟁'으로 얻어낸 노동자의 권익을 누리며 학교 근무를 한다. 출근부도 없앴고 주번근무도, 교통지도도, 전국단위 일제 시험 제도도 모두 없앴다. 수업 중에는 그 누구의 통제도 받지 아니하니 '교육 노동의 질'은 문제되지 않는다. 참으로 편한 노동자 생활이다. 한편, 퇴근 시간이 되면 교육공무원이 되어 정시 '칼퇴근'을 할 수 있는 권리가 자동으로 확보된다. 이렇게 카멜레온이 자유자재로 자기 필요에 따라 몸 색깔을 바꾸듯 그 '신분색'이 자신에게 득이 되는 쪽으로 '편한' 노동자가 되기도, '편한' 공무원이 되기도 하는 것이다.

국가 백년지대계라는, 교육의 사명을 부여받은 교육공무원.
 이들이 전교조에 의해 노동의 질은 걱정할 필요없이 때 되면 봉급을 받는 참 편한 노동자들이 되어 있으니 교육의 질의 향상을 통한 우리나라의 발전보다 자신들의 이익. 이상만을 추구하는 방향으로 '투쟁' 하면서, 궁극적으로는 그들이 추구하는 이상인 '노동 해방'에 더 힘을 쓰지는 않을까 우려되는 바 크다.

■ 전교조를 위한 봄바람의 노래
[봄바람]

첫째로 이유 불문하고 누가 무엇이라고 하여도 전교조는 노동조합이다.

노동조합은 구성원 개인의 이익과 집단의 이익을 추구한다.

그러나 생산성 향상이 전제되지 않는 노동조합은 그 존재가치가 없다.

전교조는 노동조합으로 구성원 개인의 이익과 집단의 이익을 매우 효과적이며 성공적으로 잘 대변하고 있지만 그에 반해 생산성은 저하되고 앞으로도 그 가시적인 가능성이 전혀 보이지 않는다.

노동조합과 생산성이라는 관계에서 보면 전교조는 고비용 저효율이다.

둘째로 전교조는 공무원들이다.

교사들은 공무원이지만 남을 가르치는 교직이라는 신분으로 국가와 국민들은 그 인격과 자존심을 보호하고 지켜주면서 여타 공무원들보다 특수한 신분과 지위를 보장하여 주고 있다

공무원이라면 마땅히 국리민복을 위하여 그 마음과 몸을 낮추어야 함에도 오히려 국리민복을 저해하고 국가와 국민들의 위에서 무소불위의 폭력으로 군림한다는 것은 있을 수가 없는 일이다.

전교조가 공무원의 신분으로 개인의 이익과 집단의 이익을 우선한다

면 그들과 동일한 조건 선상에서 국가와 국민들은 그들에게 부여해준 권한과 지위를 박탈하고 회수하여 보다 더 합리적이고 효율적인 경쟁체제를 만들어야 한다.

셋째로 전교조는 교사들이다.

교사라면 마땅히 가르치는 일을 게을리 해서는 안 되는 일이며, 그 말 한마디와 일거수일투족은 사사로운 사상과 이념을 버리고 감정과 이익을 떠나야한다.

그러나 오늘날의 현실은 어떠한가.

교사들은 스스로의 학문을 연마하고 가르치는 일을 게을리 하고, 절제되지 않는 감정을 시도 때도 없이 풀어내고, 검증되지 않은 학문적 사상과 정치적 이념을 진실인 양 왜곡하고, 학교는 학교대로 교사는 교사대로 학생들은 학생들대로 제각각 괴리되어 있는 한심한 작금이다.

전교조여, 봄바람이 보기에 그대들은 이중적 신분과 사고에서 헤어나오지 못하고 마치 배고픈 어린아이가 허겁지겁 정신없이 어미의 젖을 찾아 물듯이 종신제 철밥통을 찾아 허우적이는 짐승같은 떼거리의 모습이다.

노동자는 생산성으로 그 존재의 정당성을 말하고 교사들은 학생들의 인격도양과 학문성취로써 자신들의 존재가치를 말해야 한다.

전교조여, 지금 그대들은 어디에 있는가?

이제라도 더 늦기 전에 자신들의 모습을 돌아보기를 바란다.

해체 전교조, 전교조 없는 참 맑은 세상을 위하여……

■ 어떤 사람들에게 권하는 몇 가지 두서없는 말

[청헌]

1. 노동을 위한 교육이 아니라 교육을 위한 노동임을 분명히 한다. 교육 잘 해 보자고 노동조합을 결성한 것이므로, 두 가지가 충돌할 경우 교육이 우선한다. 교육이 잘 되면 노동조건이 다소 미흡하더라도 국민의 지원이 지속되겠지만, 당장 노동조건이 최고라 한들 교육이 안 되면 국민은 분노하여 그 노동조건을 박탈할 것이다.

2. 그러므로 노동자로서의 권리는 교사로서의 본분의 영역을 벗어나서는 안 된다. 이를 넘고자 하는 사람은 교사여서는 안 되니, 교단을 떠나야 한다. 노동운동 영역에서 행해지고 있는 여러 관행들과 행태들은 교육적인 견지에서 부적합한 것들이 많으므로 이를 받아들여서는 안 되며 엄정히 선을 그어야 한다.

3. 주관적이고 부분적인 이해관계로부터 스스로를 멀리하여 중립의 위치에 머문다. 계급적 계층적 이익을 옹호하거나 관여해서는 안 된다. 홀로 외로운 길을 갈망정, 무리를 지어 세력을 규합하거나 파당을 지어서는 안 된다. 그러한 혐의 자체로부터 벗어나 있어야 한다. 민주노총에

서의 탈퇴가 필요한 이유이다. 또한 시민단체와의 연대활동도 범위와 내용을 재고해야 한다.

4. 국민적 합의가 이루어지지 아니한 사안에 관하여 독자적인 견해를 피력하는 것을 삼간다. 국민 내부의 불신과 대립을 새로이 야기하는 문제에 대하여는 언행을 신중히 한다. 사상적, 이념적 논란의 대상일 수 있는 사안들은 멀리 피해가야 한다.

5. 외국과의 선린우호 관계를 해치는 언행을 피한다. 외국에게서 배우고 협력하도록 가르쳐야 한다. 얻어야 할 것이 있는 만큼, 못마땅한 점이 있더라도 드러내놓고 비난하기보다, 좋은 이웃이 되고자 노력하는 자세를 견지한다. 특히 우리의 경제와 국방에 있어서 가장 절실한 국가들인 미국과 일본을 공격하는 것은 현명하지 않다.

6. 국민이 설정한 한계선인 법을 잘 지켜, 국민을 존중하고 국민에게 봉사하는 자세를 견지한다. 가르치는 데 있어서 애로와 곤란이 생길 때는 나의 자리를 지키고 상대방의 권한을 존중한다. 그렇게 나의 처지를 악화시키지 않는 것이 문제의 해결을 쉽게 만든다. 이런 사람들은 외롭지 않다.

■ 농사꾼의 쓴소리

[진등]

농사꾼이 오늘은 좀 직설적인 이야기를 할랍니다.

전교조에서 투쟁의 목적이 소위 '참교육'을 위함이라는 것을 선전하고 있고 대부분의 전교조 조합원 교사들도 그렇게 주장하고 있다.(진실로 그들의 마음속이 그런지는 잘 모르겠지만)

그리고 많은 일반 국민들과 학부모들도 전교조의 투쟁 목적이 소위 '참교육'을 위해서 그런가 보다 하고 생각하는 사람도 많다.

그러나 단연코 말한다. 그것은 아니라고. 누가리고 아옹하는 식이라는 것을.

그들이 말하는 '참교육'을 위함이란 국민과 학부모를 속이려는 얄팍한 술책에 지나지 않는다.

그게 아니라면 그들은 '참교육'이 무엇인지 그 정의를 분명히 하고 그것을 국민들에게 알려야 할 것이다.

전교조 9만 조합원에게 '참교육'이 무엇인지 물으면 자신있게 대답할 수 있는 조합원이 몇이나 되겠는가? 열 명 중 한 명은 제대로 말 할 자신이 있는가?

어떤 이가 전교조 교사가 학부모가 제공하는 회식을 반대하는 것이 참교육인 양 이야기하는 것도 이 게시판에서 본 적이 있다. 물론 그것도 한 부분에는 속할 지 모른다.

그러나, 그것은 문제의 본질이 아니다.

'참' 자를 욕보이지 말라. 그리고 함부로 사용하지 말라.
지금까지는 거짓 교육이었단 말인가?

전교조가 생기기 이전의 교육은 모두 거짓교육이었단 말인가? 이 나라의 대통령과 전교조 조합원들까지 모두 거짓교육을 받았고, 기업인도, 노동자도, 예술가도, 체육인도…… 모두모두 거짓 교육을 받아 왔단 말인가?

타국의 식민지배를 근 40년 간 받아 온 나라 중에서, 분단으로 에너지를 소비해가며, 자원이라고는 극빈한 상태에서, 채 50년이 되지 않은 국가 중 국민소득 1만달러를 넘어서고 민주주의를 제대로 꽃피우고, 월드컵 4강에 오르고, 많은 세계적 예술가를 배출하여 온 나라가 지구상에 대한민국 말고 또 어떤 나라가 있는가? 그것이 거짓교육의 결과란 말인가? 그러한 거짓교육이라면 전 세계 인류를 위해서 매우 장려할 일이 아니던가?

전교조여, 솔직해져라.

그대들이 말하는 '참교육'을 하려면 교사는 고달파야 한다. 과거의 거

짓교육을 하던 교사들이 그랬던 것 처럼.

그런데, 그대들이 막상 교육부와 시도 교육청을 상대로 내어 놓은 단체교섭 협상안 중에 '참교육'을 위한 것이 어디에 있는가?

한 번 물어보자.

1. 일년에 근 4개월 간의 방학동안에 단 하루도 학교에 안 나오겠다는 것이 참교육인가?
2. 교사가 돌아가며 교문앞 교통 혼잡한 곳에 한 달에 한 번 꼴로 아이들을 위해 봉사하지 않겠는 것이 참교육인가?
3. 학생에게 1주일 동안 무엇을 가르칠 것인지 상세한 계획은 못세우더라도 간단히 메모하여 상사에게 보여주고 학부모에게 안내하는 것도 안하겠다는 것이 참교육인가?
4. 초등학교 수업을 주당 18시간 이상 하면 시간당 2만원의 수당을 더 달라고 하는 것이 참교육인가?
5. 학생을 상담하고 상담 내용을 간단히 기록하여 그 학생의 계속적인 지도에 도움이 되게 하자는 것을 마다하는 것이 참교육인가?
6. 전교조 모임에 조합원이 참여할 때 출장조치해 달라는 것이 참교육인가?
7. 신규교사 임용시 일정 시간을 전교조 홍보로 활용 할 수 있도록 해 달라는 것이 참교육인가?
8. 전교조 사무실을 몇 십, 몇 백평씩 무상으로 제공하고, 각종 집기도 제공해 달라는 것이 참교육인가?

그 외에도 열거하자면 아주 많다. 위에 적은 내용중 참교육과 학생인권을 위한 내용이 어디에 있는가?

그러면서도 입만열면 우리는 징계받아 가면서 참교육과 학생 인권을 위하여 투쟁한다고 하는가?
그래서 솔직해지라는 것이다. 국민과 학부모를 속이지 말고.
차라리 교사(노동자)의 권익을 위해 투쟁한다고 하면 가소롭지나 않을 것 아닌가?
방학 중에 교사가 연구를 많이하고 휴식을 취해야 다음 학기에 학생들을 잘 가르칠 것이라는 궤변을 늘어 놓지 말고.

떳떳해 지시오. 우리는 우리의 권익을 위해 투쟁하노라고.

왜 우리의 자녀들을 팔아먹는가?
농부의 편안함과 수확량은 반비례 한다. 벼를 위하여 우리의 편함을 외친다고 말하지 말라.

웃긴다.

■ 이해 안되는 계산

[진등]

조합원 교사들의 주장 중에 교사가 주당 할 수 있는 수업 시수를 정하고 그 시수 이상의 수업을 하면 시간 당 별도 수당을 받아야한다고 주장하고 있다. 근로자가 하루에 8시간을 근무하면 그 중에 수업을 하던 다른 업무를 보던 8시간을 채워야 하는 것은 당연하다. 그렇게 하기로 하고 임용된 것이기 때문이다.

주당 18시간 수업으로 계산하면 하루에 3시간 꼴로 수업한다는 계산이다. 나머지 시간은 교재연구나, 특별지도, 생활지도, 학교업무 등으로 활용될 것이다. 국가에서 봉급을 줄 적에 하루에 8시간 근무조건으로 주는 것이지 하루의 수업시간을 계산하여 주는 것이 아닌 것이다.즉, 교사는 시간강사처럼 자신의 수업시수에 따라 수당을 받는 것이 아니다.

그런데도 일정 시수 이상의 수업을 하면 별도 수당을 요구한다는 것은 아무래도 이해가 되지 않는 부분이다. 교사의 학교에서 하는 일이 수업만이 아닐 것이다. 그렇다면 생활지도나, 교재연구, 학교업무 등을 하면서 보낸 시간도 별도의 수당을 받아야 한다는 이치와 같다. 아마 이 사람들은 국가에서 주는 봉급을 하루에 3~4시간 수업하는 대가로 주는 것인 줄로 착각을 하고 있던지, 아니면 수업 시간 이외의 시간에는 지금까지 아무것도 안하고 놀았다는 이야기밖에 안된다. 그도저도 아니면 그들의 고전적 수법인 참교육을 가장한 밥그릇 키우기 전략으로 밖에는 볼 수 없겠다.

　수업의 질을 높이기 위하여 수업 시수를 줄여 달라거나 하는 순수성이 보이지 않는다. 그것은 지금까지 그들이 내보인 여러 가지 언행을 통해서 볼 때 그렇다는 말이다. 그만큼 믿음이 없어졌다는 이야기이다.

■ 믿음과 희망의 이유를 보고자

[청헌]

"교육부의 고의적인 단체교섭 해태를 규탄한다······ 신뢰와 상호존중의 정신에 어긋난 몰상식한 교섭 해태······ 교육부의 기만······ 질긴 놈이 승리한다······" 전교조 홈페이지에 들어올 때 공지사항 등에서 읽게 되는 문구들이다.

노사간에 근로조건을 정하기 위하여는 성실한 교섭이 이루어져야 한다. 노동조합및노동관계조정법 제30조 제1항이 "교섭(交涉) 등의 원칙"이라는 제목 아래 "노동조합과 사용자 또는 사용자단체는 신의에 따라 성실히 교섭하고 단체협약을 체결하여야 하며 그 권한을 남용하여서는 아니된다"고 규정하고 제2항이 "노동조합과 사용자 또는 사용자단체는 정당한 이유 없이 교섭 또는 단체협약의 체결을 거부하거나 해태하여서는 아니된다"고 규정하고 있는 것은 성실한 교섭 없이는 노사관계 운영의 바탕이 될 단체교섭이 무력화될 수 있기 때문이다.

전교조의 주장대로 교육부가 고의적으로 단체교섭을 해태하고 몰상식하고 기만적인 행태를 보였다면 성실한 교섭의무를 위반한 것으로서 비난받아야 할 것이다. 그렇지만 거듭 전교조가 주장하는 대로 교육부총리 불참과 차관 및 학교정책심의관의 국회보고를 이유로 학교정책실장의 교섭대표 통지 등이 고의적인 것인지, 몰상식한 것인지, 교섭해태가 되는지, 기만적인 것인지 등에 관한 판단과 요구와 주장 또한 신뢰와 상호존중의 원칙에 어긋나지 않아야 할 것이다.

교육부총리는 사실상 교육행정의 최고책임자이고 맡고 있는 업무가 포괄적이므로 노동조합과의 단체교섭에 할애할 수 있는 시간은 극히 제한된다고 할 수 있다. 세부사항들에 대한 토의 단계에서부터 직접적으로 참석하여 개입하라고 요구하는 것은 무리이고 무례일 수 있을 것이다. 차관과 학교정책심의관이 국회에 출석하여 보고하는 것은 국민 전체에 대한 책무일 것이므로 노동조합과의 교섭을 이유로 이를 회피한다면 적절하지 못할 것이다. 그렇다면 그것은 고의적이고 몰상식한 해태행위 내지 기만행위라고 하기는 어렵다고 해야 하지 않을까.

신뢰와 상호존중 내지 성실의 원칙은 상대방의 입장을 배려하는 데서부터 시작될 것인데, 작금의 전교조의 입장표명은 우선 그 어투에서부터 상대방을 비하하여 다분히 불쾌감을 주고 있다는 것이 누구의 눈에도 현저해 보인다. 그것이 노동조합의 단체교섭에 있어서의 전략과 전술로 권장되는 실정인지는 모르겠지만, 그 스스로 성실교섭의 원칙을 어기고 있다는 비난을 국민들로부터 사지 않을 수 없을 것이다. 오히려, 아무리 다른 노동영역에서 전술적으로 그와 같은 불손한 행태들이 활용되는 실정이라 하더라도, 전교조만큼은 교육을 책임지고 있는 전교조답게 품격 있는 언행과 자세를 갖춤으로써 모범을 세우고 그 모범으로 하여금 다른 영역에도 미쳐나가게 해야 하지 않을까 하는 것이다. 참으로 교육을 믿으면서 교육에서 희망을 보고 싶어하는 사람들에게 그 믿음과 희망이 이유 있는 것임을 보여주었으면 하는 것이다.

■ 내 상식에 문제 있는가?

[진등]

내 상식으로는 도저히 이해할 수 없는 일이다.

어제 이 게시판에 "교권상담"이라는 필명으로 방학 중 출근 문제에 대하여 나름대로 법해석을 곁들여 방학 중 학교 출근의 부당함을 이야기한 것을 보고 느낀 바를 말하고자 한다. 그 글을 보는 순간 황당하여 댓글로 쓴소리를 몇 자 적기는 하였지만 곰곰 생각할수록 이해되지 않는 점이 있어서 의견을 올리니 노동조합이나 당사자들께서는 반론이 있으면 제시 바란다. 교권상담자면 분명히 조합원일 것이고 조합의 공식 입장이라고 보기 때문이다.

학교에서 학생이 학교에 나오지 않는 날은 공휴일과 휴업일(개교기념일, 방학 등 수업이 없는 날)이라고 한다.

휴업일은 엄격히 말하면 공무원이 쉬는 휴일은 아니다. 그렇지만 지금까지 휴일처럼 지내온 게 사실이다.(교사들은 공부할 게 많으니 법에서도 방학 중에는 연수기관이나 근무지 이외의 장소에서 학교장의 승인하에 연수할 수 있다는 법적 특혜가 있음)

방학동안에 매일 출근한 교사가 있었는가? 또 매일 출근하지 않았다고 시비거는 사람이 있었는가?

문제는 방학동안에 하루도 학교에 안나오겠다는 데 있다. 그럼 학교의 관리나, 민원업무, 학생의 교외 생활지도 등은 누가 할 것인가? 교장? 교감? 행정실 직원? 그럼 그 사람들은 왜 매일 학교에 나와야 하는가? 법에 그렇게 되어 있기 때문인가? 상식적으로 이해가 되는가? 법을 그렇게도 금과옥조로 여기는 집단인가?

법 해석이야 어떻게 하든 자유이겠지만 나는 상식적으로 이해가 안 간다. 나는 법도 법이지만 상식을 매우 중요시한다.

방학이 1, 2주 인가? 연간 근 4개월 가량 되지 않는가? 내가 알기로는 방학기간 중에도 봉급, 보너스, 담임수당, 점심값, 교통비…… 등 제 수당도 다 받는 것으로 알고 있다. 담임수당, 점심값, 교통비는 어디서 무엇을 하는 데 쓰라고 주는 돈인가?

또, 자기 직장에, 그 곳에서 제자를 가르치는 분들이 근 4개월을 코빼기도 안내겠다는 것인가? 직장에 무슨 일이나 없는지, 내가 제자를 가르치는 우리 교실에 문제가 없는지 관심도 없고 걱정도 없는 무사태평이란 말인가. 이런 것을 전교조에서는 교섭단체협약으로 얻어낸 성과라고 떠들고 있다니 낯 뜨거운 일이 아닐 수 없다. 사실 큰 학교의 경우 윤번제로 한 분씩 출근하면 방학 중에 하루 아니면 이틀, 많아야 사흘이라는데.

다른 곳에 봉사활동도 많이 다니던데 봉사하는 셈 치고, 가족을 봉양

하는 일터이고, 사랑하는 제자들이 사용할 학교 한 번 둘러보는 것이 그리 손해인가?

교사가 방학 중에 할 일이 그리도 많은가?
입만 열면 학교의 주인은 교사와 학생이라고 떠들던 말은 모두 위선이었단 말인가?
주인은 다 어디로 갔단 말인가?
이기적인 집단이란 건 어느 정도 알고 있었지만 이 정도로 중증인 줄은 몰랐다.
아무리 노동자의 권익을 옹호하는 단체라고는 하지만 이런 식이면 욕먹게 되어있는 것 아닌가?
그러고도 집에 앉아서 봉급명세서 받아보면 캥기는 구석이 전혀 없는가?
그것이 교권수호인가? 교권이 무엇인가? 학습지도권, 생활지도권, 평가 및 그 관리권,…… 등등 아닌가? 그런 것 포기하고 무엇을 얻겠다는 것인가? 자신의 안락? 인권?…… 무엇을?
공무원이라는 신분을 떠나서 직장인의 한 사람으로서 파업 아니고서야 몇 개월을 직장에 한 번도 안나가고 그 직장에서 밥 벌어먹고 살겠다는 심보를 이해하기 어렵다는 것이다.
노동자의 권익옹호(아니 나만의 권익)에 앞서 스승임을 자임한다면 내 주위도 한 번 둘러보는 아량을 가졌으면 한다.

그리고,
사탕발림으로 일선 선생님들을 홀려놓고, 음흉한 더 큰 일에 선생님들을 이용해 먹으려는 지도부의 술책이 아니기를 빈다.

■ 〈속담〉훈장 똥은 개도 안먹는다.

[봄바람]

애탄 사람의 똥은 매우 쓰다는 뜻으로 '선생 노릇이 매우 힘듦'을 비유하여 이르는 말이다.

이 속담을 가만히 음미하여 보면 제자들을 향한 스승의 안타까운 마음을 충분히 알 수가 있다.

그러나 오늘날 특히 교육은 뒷전으로 내팽개쳐놓고 자신들의 보신주의만을 내세우며 날마다 끝없는 욕심으로 폭력과 투쟁만을 일삼는 전교조 교사들의 똥은 어떠할까?

무릇 교사라면 자신의 똥이 거칠고 쓴지 아니면 기름지고 단지 생각하고 반성해 볼 일이다.

해체 전교조,
전교조 없는 참 맑은 세상을 위하여…….

■ "시대가 변하면 법률도 변해야 한다."
   맞기는 맞는 얘기다

[스전폭]

　잠시 일부 전교조 교사들과 교사의 정치적 중립에 대해 이야기하였는 바, 당연히 우리 헌법은 그 정신과 취지가 절대적으로 존중되어야 함에도 불구하고 전교조에서는 "시대가 변하면 법률도 변해야 한다"라는 논리로 교사의 정당 가입, 정치 참여 등을 할 수 있게 해달라는 주장을 하고 있다.

　"시대가 변하면 법률도 변해야 한다."
　얼핏 들으면 그럴싸하다. 또 맞기는 맞는 얘기다.
　그러나, 이를 주장하고 그 주장을 관철시키기 위해서는 '시대가 어떻게 변했다'는 것인지에 대한 구체적 설명을 범국민적으로 합의할 수 있을 만한 근거와 사실을 가지고 할 수 있어야 한다.

　교사는 국가공무원의 신분으로 그 신분 보장을 평생 국가에서 보장해 주는 특별한 권리를 부여하고 있다.
　왜 그러한 권리를 부여해 주고 있는가?
　그것은 그 권리에 상응하는 의무를 지니고 있기 때문이다.

즉, 헌법 제 7조에서 규정하고 있는 것처럼 공무원은 국민전체에 대한 봉사자이며, 국민에 대하여 책임을 지는 막중한 의무를 지고 있기 때문이며, 아울러 교사는 그 봉사와 책임을 지는 상대방이 국가 미래의 주역이 될 학생들이기에 교사의 공무원으로서의 의무 역시 막중한 것이다.

이 교육공무원인 교사의 '봉사와 책임'을 다할 수 있게 하기 위해 헌법에서부터 하위 법률에 이르기까지 국민의 뜻으로 교사에게 신분 보장이라는 특별한 권리를 부여한 한편, 정치적 중립이라는 '특별한 의무' 역시 동시에 부여한 것이다.

사실이 이러함에도 불구하고 이들은 '특별한 권리'는 그대로 유지하고, '특별한 의무'는 다하지 않겠다는 것인데, 지금의 시대 상황이 그 특별한 의무를 다하지 않아도 좋은 시대로 변했다는 근거는 어디에도 없는 것이다.

예를 들어 정치, 사회 교육에서 교사들이 모두 특정 정당인이라고 했을 때, 그 교사들은 중립적 위치에서 보편적 가치를 어린 학생들에게 가르치기 보다는 특정 정파 관점에서의 편향된 가치를 부여할 가능성이 있고, 이는 교육의 가치 중립이라는 기본 정신에 어긋나게 되는 것이며, 이런 정치적 편향 교육으로 인한 개인적, 사회적, 국가적 피해와 손실은 지금의 전교조식 반미 친북 일변도의 편향 교육처럼 그 폐해는 매우 크다고 아니할 수 없는 것이다.

이미 본인이 주장한 대로 해법은 간단하다.

전교조가 권리만을 추구하려 하니, 그 의무에서도 벗어나는 신분을 갖도록 해주면 되는 것이다. 즉, 전교조에 대해서는 공무원 신분을 박탈하고, 교육을 하지 못하게 하면 되는 것이다.

정치를 하고 싶으면 국가공무원인 교사를 그만 둔 연후에 마음대로 정치해보라는 것이다.

전교조 조합원들은 속고 있다. 일부 집행부 정치 교사들의 말도 안되는 논리에 속고 있는 것이다. 아마도 이번에 교사 시국 선언 등 정치 행위에 참여한 교사들은 크건 작건 법의 심판을 받을 것이라 보며, 또 그래야 된다고 믿는다.

한편, 우리나라 헌법에 따르지 않는 불순, 불량한 무리들을 정당한 절차에 따라 응징을 하는 것이 '부당한 탄압'이라고 우기는 것이야 말로 철면피같은 언행이 아닐 수 없음을 알라. 헌법을 준수하고 싶지 않으면 당신들의 입맛에 맞는 나라로 가서 살라.

하는 짓마다 전교조는 다 틀렸다. 이 나라, 이 교육에 결코 도움 안되는 집단이다.

● 법도 좀 지켜가면서 하시지요
[편저자 김동렬]

초강력 교원노조 전교조.
다른 나라에도 교원 노조는 존재한다.

그러나 그 나라들의 경우는 대개가 우리나라처럼 공무원이 아니라 사인(私人) 신분으로 계약제, 고용제 교사들이다. 노동조합의 원래 취지가 사회 경제적 약자인 노동자를 강자인 사용자와 맞설 수 있게 해주는 것이니 만큼 공무원처럼 신분보장도 되어 있지 않은 그들에게 노조를 허용해 주는 것이다.

그러나, 우리나라 전교조 와는 달리 외국의 경우는 교직이 가지는 국가 사회적 중요성을 고려하여 교원 노조에게 큰 권리는 부여하지 않고 있다. 예를 들어, 우리나라 전교조의 벤치마킹격인 일본의 경우, '일본교원조합' (약칭, 일교조)은 노조가 아닌 일반 조합으로 존재하는데, 이들에게는 단결권만 있을 뿐이지 우리나라 전교조처럼 단체교섭권 조차 없다.

따라서 전교조는 국가 공무원 신분으로서 노동조합에 가입할 수 있고, 노동3권 중 단체행동권만 제외하고 나머지 두 가지 권리를 갖고 있는, 전세계적으로 드문 '초강력 교원노조' 인 셈이다.

단체행동권.

왜 전세계적으로 교원노조에게는 단체행동권은 법으로 인정해 주지 않는 것일까.

그것은 교육이라는 활동이 일반의 개별 노동과는 달리 개개인에게는 물론 국가적으로도 매우 중요한 사업인 까닭이다. 즉, 일반적인 개별 노동의 경우와는 달리, 교육이 잘못되었을 경우에는 현실적으로 그 보정, 수정, 복구가 대단히 어렵거나 불가능하기 때문에 노조의 최강 저항 수단인 '단체행동권'이 파업, 태업등의 형식으로 함부로 행사될 경우, 이로 인한 피해는 각 개인뿐이 아니라, 국가 전체적으로 크게 미칠 수 있기 때문이다.

그러나 전교조는 이 '단체행동권' 마저 인정해 줄 것을 요구하면서, 현행법상 단체행동권이 없음에도 불구하고 실질적인 파업에 해당하는 '연가투쟁'과, 태업에 해당하는 '조퇴투쟁' 등도 수시로 하고 있는 현실이다.

전교조와 법.

전교조의 '연가투쟁', 즉 교사들이 학교에 연가를 내고 각종 투쟁 집회에 참가하는 것은 불법행위로서 징계, 또는 법적 제재를 받고 있다. 이에 대해 전교조측에서는 반발하고 있지만 재판부는 '유죄'임을 명확히 하고 있다.

즉, 교사들이 집단연가를 내고 학교 운영에 지장을 줬다면 추후에 보충수업, 체험학습으로 전환했다 하더라도 업무방해 혐의가 인정된다는 것이다. 연가는 교사 개인적으로 내는 것이긴 하나 교육청 등의 만류에도 불구하고 집단 연가를 내고 집회에 가담한 것 역시 업무방해에서 자유로울 수 없다는 것이다.

연가투쟁이 '업무방해죄'라는 '평범한' 문제라 한다면, 최근 들어 전교조가 "헌법이 보장하는 국민의 기본권인 정치활동의 자유를 보장해 달라"며 행한 일단의 정치적 행위들은 법에 대한 전교조의 새로운 '도전'이라 할 수 있다. 전교조는 '탄핵정국'과 관련하여 '거대 야당의 테러', '부패 수구집단 폐기 처분', '진보, 개혁 정치세력으로의 판갈이' 등의 문구를 사용하여 노 대통령의 탄핵을 반대한다는 뜻으로 1만 7천 명이 서명한 '교사시국선언'이나, 4.15 총선을 앞두고 '교원의 정치활동을 제한하는 것은 합헌'이라고 헌법재판소가 이미 그 결정을 내렸음에도 불구하고 민노당을 공개적으로 지지 표명을 한 전교조의 행위들은 헌법 및 법률에 규정되어 있는 공무원의 정치적 중립성과 교육의 정치적 중립성이라는 두 가지 강제 규정에 대한 정면 도전을 하기 시작한 것이다.

전교조가 초강력 교원노조이고, 그러니 하고 싶은 일도 많으리라는 짐작도 할 수 있다. 그러나, 법도 좀 지켜가면서 하면 어떨까?

■ 민주주의와 불법

[청헌]

교원징계라는 말을 들으면 몸서리가 난다. 교사 한 명이 해직을 당하면 그 대가가 어떠한지 조금은 안다. 불법과 비리에 저항하다가 부당하게 파면 해임된 교사들의 경우에도 권리회복에 긴 세월 고생들이 따랐다.

NEIS는 불법이나 비리가 아니다. 그것은 정책결정권을 지닌 정부에 의하여 추진되고 시행되는 국가사업이다. 찬반이 엇갈릴 수밖에 없는 사안 사안마다 누군가는 정책을 결정해야 한다. 그러나 아무나가 결정권자일 수는 없다. 결정에 반대하여 결함을 시정하는 데에는 나름의 민주적 절차와 제도가 있다. 노동조합이 없는 것도 아니고, 정부가 교사들의 의견수렴을 봉쇄하거나 방해하는 것도 아니다. 문제점을 보완하겠다는 입장도 편다. 이러한 절차가 보장되고 있으므로 이 정부는 민주적 합법 정부이다.

이러한 상황에서 교사들이 법을 어기고 수업을 안 하고 업무를 거부하는 것은 불법이다. 정히 국가와 민주주의를 위하여 불법은 방치될 수 없다. 이 번에 교사들이 징계된다면 복귀를 주장할 명분이 없고 돌아올 수 없을 것이다. 동료들을 몰아 그 길로 들어서는 것을 보자니 긴 숨이 나온다.

■ 뻗대는 전교조

[진등]

대한민국이라는 나라가 언제부터 범법자 스스로 벌 받지 않겠다고 뻗대는 나라가 되었습니까?

전교조에서는 연가투쟁에 대한 징계를 거부하는 결의문을 채택하고 교육청 농성과 선봉대 투쟁 등을 벌이기로 했다고 합니다.
참으로 해괴한 일이 아닐 수 없습니다. 공무원이 불법적 행동을 하면 징계를 받는 것은 너무나 당연한 이치이고 임용서약에도 그러한 내용이 들어 있습니다.
공무원 이전에 스스로 '선생님' 아니던가요?
늘상 제자들에게는 준법정신을 가르치고, 죄를 지으면 벌을 받아야 한다는 것을 가르치는 사람들 아닙니까?
자신의 불법행위에 대한 처벌을 거부하는 집단이 다른 사람을 가르칠 때에는 어떠한 논리로 가르치는지 정말로 의심스럽습니다.

물론 자신들은 합법적인 행위를 하였다고 강변할지 모르지만 국가에서는 그것을 인정치 않기 때문에 징계결정을 내렸을 것입니다. 그렇다면 당연히 국민으로서 국가가 결정한 징계를 받아야 할 것입니다. 만약 내려진 징계에 대하여 승복할 수 없는 경우에는 얼마든지 적법한 절차를 거쳐서 재심을 청구하거나, 항소할 수 있는 제도가 있는 것으로 압니다. 그런 것을 모를 리 없는 사람들이 애초에 징계를 하려는 국가공권력에 대하여 정면 도전을 하고 나온 것은 무슨 까닭입니까?.

이는 무슨 일이든 떼지어 투쟁하면 물렁한 정부가 한 발 물러나더라는 독특한 전교조적인 사고로 뭉쳐있기 때문이라고 봅니다. 정부도 마찬가지입니다. 이러한 불합리한 단체행동에 대하여 단호하게 대처하지 못하면 끝없이 질질 끌려 다니다가 선량한 국민들에게 피해를 주고, 불법을 부추기는 형편없는 나라꼴로 만들 것이라는 것을 명심해야 할 것입니다.

이제 2학기 개학이 얼마 안 남았습니다. 개학과 동시에 교원간의 갈등, 교육청과 전교조와의 갈등은 불을 보듯 뻔합니다. 그 와중에 결국 그 피해가 누구에게 갈 것입니까? 애꿎은 내 자식들만 피해를 보게될 것입니다.

어린 학생들을 볼모로 투쟁을 벌이다 보면 국가에서도 흐지부지 넘어갈 것이라는 계산이 깔려 있다면 정말로 용서할 수 없습니다.

우리 학부모들이 그냥 있어서는 안 될 것입니다. 잠깐의 피해와 불편을 두려워하여 더 큰 화근을 키우는 우를 범하지 말아야 할 것입니다.

전교조여.

다른 사람들이 그대들을 비난할 적에 무어라고 하였던가?

"우리 자신을 위하여 투쟁하는 것이 아니고 제자의 인권을 위하여 투쟁한다. 오히려 우리는 징계를 각오하고, 불이익을 감수하면서 투쟁한다."

고 하지 않았던가? 이제 와서 무슨 변명을 하려는가?

위선과 허구를 또 제자들에게 보여 주려 하는가?

이제 훌훌 털고 본연의 자세로 돌아가십시오. 제자들을 위한다면.

■ 교육의 자주성 전문성 정치적 중립성을 바란다

[청헌]

대한민국 헌법은 교육의 자주성 전문성 정치적 중립성을 규정하고 있습니다.

제31조 ①(생략) ②(생략) ③(생략)
④ 교육의 자주성·전문성·정치적 중립성 및 대학의 자율성은 법률이 정하는 바에 의하여 보장된다.
⑤ (생략)
⑥ 학교교육 및 평생교육을 포함한 교육제도와 그 운영, 교육재정 및 교원의 지위에 관한 기본적인 사항은 법률로 정한다.

교원의 노동조합 설립 및 운영 등에 관한 법률은 교원노동조합의 정치활동을 금지하고 있습니다.

제3조 (정치활동의 금지) 교원의 노동조합(이하 "노동조합"이라 한다)은 일체의 정치활동을 하여서는 아니된다.

교원의 노동조합 설립 및 운영 등에 관한 법률은 교원노동조합의 상부 단체에의 가입을 허용하고 있으나, 그것은 교육의 자주성과 전문성 및 정치적 중립성을 손상시킬 위험이 있습니다. 왜냐하면 전교조가 민주노총의 가입단체로서 그 조직적 결정 사항을 준수해야 할 의무를 지게 되어, 상부단체에 종속되는 지위에 있게 되기 때문입니다.

실제로도 전교조의 합법화 이후 민주노총과 연계한 각종 투쟁사업들이 진행되어 왔는데, 교육활동의 영역에 집단적이고 계급적인 이해관계가 반영되고 상부단체의 정치활동을 지원 가담하는 것이 되어 교단 내부의 갈등과 국민들의 우려를 초래하였다는 목소리가 커지고 있습니다. 상부단체에의 가입을 재고해야 한다고 봅니다.

현재 전교조는 교원의 정치활동 금지가 위헌이라는 취지의 헌법소원을 제기한 상태인 줄 압니다. 개인적으로 고등학교까지 미성년의 학생들을 가르치는 교원들의 경우에는, 맡고 있는 학생들에게 미치는 영향력이 크다는 점과, 계층을 초월한 전체 국민의 보통 교육기관으로서의 책임 등을 감안하여 정당 가입 등 정치활동을 하지 않는 것이 좋겠다고 생각합니다.

■ 판례 여기 있소

[청헌]

대법원 1996. 6. 14, 96누2521 파면처분 취소

공무원이 그 법정 연가일수의 범위 내에서 연가를 신청하였다고 할지라도 그에 대한 소속 행정기관의 장의 허가가 있기 이전에 근무지를 이탈한 행위는 특단의 사정이 없는 한 국가공무원법 제58조에 위반되는 행위로서 징계사유가 된다 할 것이다(대법원 1987. 12. 8. 선고 87누657, 658 판결 등 참조).

대법원 86.07.08 선고 85누569 판결 해임처분 취소

01. 공무원이 비록 일신상의 어려운 사정에 연유하였다 하더라도 국가공무원 법 제76조의 2의 규정 등에 따른 고충해결을 위한 노력을 기울임이 없이 막바로 병가를 칭탁하여 3회에 걸쳐 13일간이나 무단결근을 하였다면 이는 공무원으로서의 성실의무를 저버리고 직무를 태만히 한 것으로서 동인이 과거 3회에 걸쳐 징계처분을 받은 사정에 비추어 징계의 종류로 해임을 택한 것은 충분히 수긍할 수 있는 조치이다.

대법원 87.12.08 선고 87누657,87누658 판결 해임처분 취소, 고충심사결정 취소

01. 지방공무원법 제55조에서의 '품위' 라 함은 주권자인 국민의 수임자로서의 직책을 맡아 수행해 나가기에 손색이 없는 인품을 말하는 것이므로 공무원이 모든 국민에게 보장된 기본권을 행사하는 행위를 하였다 할지라도 그 권리행사의 정도가 권리를 인정한 사회적 의의를 벗어날 정도로 지나쳐 주권자인 국민의 입장에서 보아 바람직스럽지 못한 행위라고 판단되는 경우라면 공무원의 그와 같은 행위는 그 품위를 손상하는 행위에 해당한다 할 것이다.

02. 공무원이 법정연가일수의 범위내에서 연가신청을 하였고 그와 같은 연가 신청에 대하여 행정기관의 장은 공무수행상 특별한 지장이 없는 한 이를 허가하여야 한다고 되어 있더라도 그 연가신청에 대한 허가도 있기 전에 근무지를 이탈한 행위는 지방공무원법 제50조 제1항에 위반되는 행위로서 징계사유가 된다.

하하[26] 씨, 뭐 물어볼 것 있소?

---

26) 한 전교조 조합원의 1회용 필명으로 추정됨. 전교조 교사들이 NEIS 반대를 위한 '연가투쟁' 을 하는 것이 법률에 저촉되지 않는다는 주장을 편 바 있음.

■ 연재 "학교에서 생긴 일"[27] 중에서

[청헌]

　지난 봄철의 연가투쟁에서 보았듯이 상당수 조합원들은, 법을 지키는 문제에 대하여 그다지 비중을 두지 않았고, 오히려 이를 어기는 쪽을 택하였다. 이들은 법의 무능함과 편향됨을 가리키면서 법과 제도에 적대시하는 경향을 보였다고 생각된다.
　벌써 150년도 더 된 유럽의 어떤 사람들의 그 당시 수준의 과학을 도구 삼은 분석을 좇아, 법을 생산력과 생산관계라는 하부구조에 의하여 결정되는 어떤 종속적인 변수 - 상부구조 - 로 간주하고서, 더 이상의 생각은 하지 못하고 있는 것은 아닌가 하는 느낌도 들었다.

　그들이 전교조를 결성하고 합법화에 이르기까지의 과정에서, 그리고 교육계 전반에 광범위하게 퍼져 있는 심각한 비리에 저항하였음에도 불구하고 오히려 법으로부터 경험하였던 깊은 상처에 비추어, 그와 같은 태도는 일응 이해할 수 있는 측면이 있다고 본다.
　그러나, 결론부터 말하자면, 우리의 법 현실 앞에서 너무 좌절하고 절망하지 않았으면 한다. 어느 나라의 역사에서도 부정과 부패의 횡행은 있어 왔고, 대개 그것은 법의 무기력과 나약함과 동반되었는데, 그럴 때

---

27) '청헌'이 변호사로서, 해직 전교조 조합원을 변호했던 과정과 그 때의 소회를 게시판에 연재로 쓴 글의 제목.

그 나라와 역사는 어지러워지면서 쇠퇴하였고, 일단의 각성된 사람들의 노력에 의하여 그 혼란이 극복되어 질서와 기강이 엄정히 서면, 그 나라와 지역은 융성하였다. 극복되면 융성하였으니, 우리가 보아온 법의 나약함은 법의 본질이 아니라, 다분히 사람에 달린 문제가 아닐 수 없을 것이다.

단적으로, 나는 그런 허약하고 무력한 것이 법의 내재적 본질이라는 데에 동의하지 않는다. 법의 본질은 오히려 인간의 마음과 이성에 담긴 원리에 있다는 것을 믿는다. 우리가 타고나면서부터 지닌 어짊과 용기, 의로움과 책임감, 예의와 절제, 지혜와 슬기, 미쁨, 이런 것들이 법의 원천이 아니면 무엇이란 말인가. 그러므로 우리의 마음이 깨어나면 법이 그 효용성과 가치를 발휘할 수 있다는 것을 말하고 싶다. 우리에게 희망은 과연 없는가.

내 자신이 허약하였기 때문에 법률가로서의 나의 행동이 허술하였던 것이라면, 그 허약함을 일깨우고 각성시켜 본분과 책임의 중대함 앞에 나아가게 하는 것이 해답일 것이다. 법률가들이 제 자리에서 그 맡은 역할을 다하지 못하였기 때문에 번번이 비리에게 법이 패퇴당하고 보호되어야 할 사람들이 고통에 노출되었던 것이라면, 그들로 하여금 제 자리를 지키고 그 본연의 역할을 할 수 있도록 나아가게 하는 것이 해답일 것이다. 포괄적으로 교육으로 이름할 수 있는 것들이다.

전교조가 학교에서 학생들과 생활하면서 그들의 덕성의 도야를 이끄는 데에 그 자리가 있지 않다고 하겠는가. 수업을 건드리고, 법을 어겨 가면서 세력을 보이는 행사를 벌여, 기강을 세우겠다는 것인가. 이런저런 이유로 가까운 약속을 안 지키는 모습을 보이면서, 남들더러 엄정히 제 자리를 지키라고 가르치겠다는 것인가. 교육이라고 이름하겠다는 것인가.

■ 이 판례도 보시오

[청헌]

대법원 1996. 7. 30, 96누587 부당노동행위 구제 재심판정 취소

 사실이 이와 같다면 참가인의 이와 같은 행위는 그 주장과 같이 단순히 근로자들에게 노동조합 활동의 일환으로 연차휴가에 관하여 알려주거나 그에 관한 교육을 실시한 것으로는 도저히 볼 수 없고, 실질적으로는 그 동안 원고에게 주장하여 왔으나 원고로부터 거부당한 요구사항을 관철시킬 목적으로 근로자들로 하여금 집단적으로 연차휴가를 사용하도록 선동하여 원고의 정상적인 업무수행을 저해할 의도로 한 것이 명백하고 이에 따라 이루어진 근로자들의 연차휴가 사용 및 근로 제공 거부행위는 이른바 쟁의적 준법투쟁으로서 쟁의행위에 해당한다고 할 것이며, 비록 참가인이 근로자들에게 위와 같이 집단적으로 연차휴가를 사용하도록 함에 있어서 설날 연휴 기간이라고 날짜를 특정한 바가 없다 하더라도 그 결론이 달라지는 것은 아니라고 할 것이고, 참가인이 이와 같은 행위를 함에 있어서 노동조합의 결의를 거치거나 쟁의발생신고를 하는 등의 노동쟁의조정법상의 적법한 절차를 거치지 아니하였음은 물론 이로 말미암아 원고 회사에게 예상치 못한 업무의 저해를 초래하였고, 택시 이용자들에게도 많은 불편을 초래하게 된 점 등에 비추어 이

와 같은 준법투쟁은 정당한 쟁의행위의 한계를 벗어난 것이라고 하지 아니 할 수 없다.

따라서 원고가 참가인의 이와 같은 행위가 단체협약 제22조 제1항 제8호 소정의 면직사유인 "법에 위반되는 쟁의행위를 선동 또는 주동한 때"에 해당한다고 하여 상벌위원회에 회부하여 적법한 면직절차를 거쳐 참가인을 면직한 것은 정당한 인사권의 행사라 할 것이고, 비록 참가인이 원심이 판시한 바와 같이 조합활동을 하여 왔다고 하더라도 원고가 실질적으로는 참가인의 조합활동을 혐오하여 그를 사업장에서 배제할 의도로 단순히 위에서 본 참가인의 행위를 표면적인 구실로 삼아 참가인을 면직하였다고는 할 수 없어 이를 부당노동행위라고 할 수는 없다.

*참고[28])님이 첨부한 판례해설이 내 글이었다는 말이오.
그러나 집단으로 신청하는 연가를 허가해야 한다고 판단할 법관은 없소.
나도 그렇고.

먼저 번 글에 실린 판례에서 허가 없이 개인적으로 연가를 가는 것만으로도 파면, 해임이 되었소.

노동조합이 집단으로 연가신청을 내는 것을 준법투쟁이라고 외치지만 위에 실린 판례는 이를 불법이라고 하고 있소.

---

28) 한 전교조 조합원의 필명.

더군다나 전교조는 쟁의행위를 할 법적인 권리가 없소.

전교조가 법을 준수하는 것을 가볍게 생각한다는 점이 큰 걱정이오. 조합원들과 가족들도 그렇고 국민들에게 끼치는 심려가 이만저만이 아니오.

귀하가 나를 '변호사님'이라고 불러주어 변호사로서의 도리상 성의를 냈소.

지난 10 수년 그대들 곁에서 조그만 도움이라도 되고 싶었었소.

이제는 전교조를 떠났고 마음을 거두었소.

그대들을 지지할 수 없소.

그 뿐인 줄 아시오?

나는 그대들에 맞서 싸울 것이오.

이미 싸우고 있는 중이고.

■ "판갈아 주세요"?

[스전폭]

"민주노총 총선 게시판입니다. 전교조는 민주노총의 정치 방침에 따릅니다."

이 멘트는 4.15총선을 위해 이 전교조 홈페이지에 달아 놓은 "판갈아 주세요" 게시판의 방제이다.

이제 전교조는 대한민국 법을 만만하게 보는 무리들과 부화뇌동하여 스스로 국가공무원인 교사의 정치적 중립을 명시하고 있는 실정법을 어기면서 민주노총의 정치방침에 따른다며 노골적으로 민주노동당을 지지하고 있는 것을 표현한 것이다.

그러니, 이들이 교육 자료를 자체 제작하여 아무에게도 검증 받지 않고 하는 반전평화공동수업, 통일교육, 노동권공동수업, 총선공동수업등의 모든 정치성 시사교육은 일체 그 제작 의도가 민주노총의 정치적 이념에 따라 제작되고 있었음을 증거하고 있는 것이다.

즉, 전교조는 참교육을 빙자하여 '가치 지향적'이라며 둘러대며 가치 중립을 무시하고 우리의 자녀들에게 한 교육은 결국 균형 잡힌 교육이 아니라, 민주노총, 민주노동당의 사상, 이념을 세뇌하는 데 전력을 다해 왔다는 이야기로 밖에 이해가 안된다.

공식적으로 이런 멘트를 쓰는 것이 불법인 문제는 별도로 친다하더라도, 이런 글을 올릴 때에는 전 조합원들의 동의를 받고 올려야 하는 것 아니겠는가?

솔직히 전 조합원 중에서 민주노동당을 선호하는 층이 과반수가 넘는다고는 하지 못할 것이다.

설사 넘는다 하더라도 이런 독재식으로 개개 조합원들의 정치적 권리까지 지도부가 일방적으로 몰수하여 전교조 간판을 내걸고 행사할 수 있는 근거가 도대체 어디에 있다는 것인가.

이런 비상식적인 행각을 벌이면서 한편으로는 조합원들이 이견(異見)을 제시조차 할 수 없도록 (《조합원마당》조합원목소리)를 제3자가 열람하지 못하도록 막아 놓은 것은 전교조 지도부의 독선, 독재가 이제 갈 데까지 갔다고 밖에 보여지지 않는다.

전교조 지도부는 당장 민주노동당을 전교조 이름을 걸고 지지하는 일체의 행위를 중단하라!

이것은 바른 말하고 싶어도 힘이 없어 못하는, 많은 침묵하고 있는 대다수 조합원들의 목소리로 지도부는 알아야 할 것이다.

왜 나는 이런 말을 하는가?

전교조 조합원들은 현 원영만 위원장이 이끄는 전교조라는 집단의 구성원이기도 하지만, 우리의 소중한 자녀들을 가르치는 선생님이 그 원래 본분이기 때문이며, 그 선생님들이 원영만 지도부의 독재에 의해 민노당의 이념, 사상의 굴레에 속박되고 우리의 자녀들이 세뇌당하는 것은 결국 우리의 자녀, 우리 국가를 위하여 해로운 일이기에, 이런 만행을 눈뜨고 그냥 바라볼 수만은 없는 것이다.
　잘못된 것도 이만저만 잘못된 것이 아니다.

　뜻있는 조합원들은 어떠한 어려움이 있다 하더라도 말해야 한다.
　이번의 침묵은 금이 아니오,
　당신의 젊었던 시절
　그 정의감마저 빠져나간
　껍데기뿐인 양심일 뿐이다.

　해체 전교조
　전교조 없는 참 맑은 세상을 위하여…….

■ 인권에도 순서가 있다
[청헌]

인권이기만 하면 다 되는 것이 아니다.
인권에도 순서가 있다.

권리에는 의무가 따르므로 나의 인권은 남의 의무이다.
누군가의 의무를 전제로 설정되는 권리
소중하지만 조심스러워야 한다.

이 사람의 인권과 저 사람의 인권이 부닥칠 때
누구의 인권이 우선하는가.
말하여 저울질, 비교형량이다.

봉사할 의무를 진 자가 주장하는 인권과
봉사받을 권리를 가진 자가 주장하는 인권은
동렬에 있지 않다.

당연히 저울은 기울어
봉사할 의무 있는 자의 불이행을 다스리고

봉사받을 권리를 가진 자의 인권을 옹호한다.

학생들은 수업을 받을 권리가 있고
교사들은 수업으로써 봉사할 의무가 있다.
교사들은 수업을 거부할 인권을
학생들을 위하여 말할 수 없다.

수업을 빼먹는 교사들이 학생들의 인권을 주장하다니
언어도단이다.

국가인권위원회는 교사들의 투쟁을 정당하다고
한 것이 아니다. 그것은 쟁점이 되지 않았다.

연가투쟁을 당한 학부모와 학생들이 학습권의 침해를 들어
국가인권위원회에 진정을 내 보라.
국가인권위원회가 뭐라 할 것 같은가.

■ 우는 아이 젖 주기

[ohara]

우리 사회의 아주 잘못된 관행 중의 하나가 '우는 아이 젖 주기'이다. 떼쓰는 아이들에게 관대한 것은 요즘 젊은 부모들의 특징이라고 하더라도, 우리 사회 곳곳에서는 우는 아이에게만 젖을 주는 장면을 쉽게 목격할 수 있다. 정부의 각종 보상 문제 해결에서나, 이익단체들의 요구, 노사분규, 집단 이기주의는 물론 심지어는 사기업에서의 승진문제에 까지 '시끄럽고 귀찮게 하고 감당을 못할 정도로 악쓰며 아귀처럼 덤벼들면' 대부분의 경우 문제는 해결된다. 오죽했으면 헌법의 상위법은 '떼법'이라 말이 나왔을까?

떼쓰지 않고 묵묵히 자기 일하는 사람들에 대한 배려는 거의 없거나 있다고 하더라도 마지 못한 큰 인심이나 쓰듯 주는 경우가 대부분인 반면 끝 갈 데를 모르는 행악을, 그것도 집단으로 행악을 부리는 사람들에게는 항상 큼직한 승리의 선물이 돌아갔다.

이러한 사회적 분위기가 무조건적인 떼쓰기를 조장하고 양산해 왔음은 말할 필요도 없다. 그래서 자기가 저지르는 일의 결과를 충분히 예상할 수 있음에도, 불법이든 아니든 무책임하게 일을 저지르고는 그 결과에 대해서 또 다시 떼를 쓴다. 불법파업을 주도한 노동자들에 대한 고소, 고발을 취하하라거나, 자기가 벌인 사업의 천연재해로 인한 손해를 정부에게 보상하라거나, 노점상 철거에 반발한 극단적인 저항이나, 사회의 안녕 질서를 지키는 공권력에 대한 폭행이나, 불법행동에 대한 징계를 받아들일 수 없다는 등의 억지가 난무한다.

령이 바로 서지 않았고, 원칙이 허물어진지 오래기에 가능하기도 한, 참으로 통탄스러운 현상이다. 우는 아이 젖 주기는 그저 당면 위기 모면식 대증 요법에 불과함에도 민주사회의 안녕 질서를 허무는 이들을 일벌백계로 다스리지 못하고 있는 국가도 한심스럽지만, 그런 과정을 통하여 국가의 권위는 더욱 떨어지는 것이다.

이런 막무가내식 행동을 일삼는 집단 중에 아주 특이한 집단이 하나 있다. 전교조가 바로 그 집단이다. 특이한 점은 그들이 교육자단체라는 것이 그렇고, 또 행동은 지극히 극단적이라는 점에서 그렇고, 결코 만족하지 않고 또 다른 문제를 일으킨다는 점에서 그렇고, 죽어도 반성이나 사과를 하지 않는다는 점에서 그렇다.

● 전교조 선생님, '투쟁'은 이제 뚝!
[편저자 김동렬]

'참교육'과 더불어 전교조의 이미지는 주로 '반대와 투쟁'이다.

학교 안에서의 전교조는 노동조합 본연의 목적인 노동자 권익 향상을 추구한다.

학습지도안 작성, 출근부 도장 찍기, 교통지도 등 시간과 노력을 요하고 통제 받는 일은 반대하여 당해 제도를 없애는 한편, 수업시간 줄이기, 심지어 노트북 지급에 교직원 가족 전용 지역별 장례식장 설치에 이르는, 노동자 권익 향상을 위한 전교조의 단체협약안 요구사항들을 보면 그 바쁜 '반대와 투쟁' 활동 중에서도 여타 공무원 신분이 아닌 일반 노조들 못지않게 매우 열심히 하고 있는 것 같다.

'반대와 투쟁'.

7차 교육과정 반대, 초등학교 기초학력평가 반대, 자립형사립고 반대, 보충수업 반대, 교육개방 반대, 교원의 지방직화 추진 반대, NEIS 반대, 교원평가제 반대 등, 국가의 교육 정책에 대한 반대에서부터, 새만금 사업 반대, 부안 핵 폐기시설 설치 등 국가적 정책 사항에 대한 반대에서, 노무현 정부 지지 철회, 탄핵 반대 등 정치 분야, 그리고 이라크 파병 반대, WTO 개방 반대, FTA 체결 반대 등 국방, 통일, 국제, 외교, 통상

분야에 이르기 까지, 심지어 멕시코 칸쿤 등 해외 원정을 통해서까지, 교육 외적인 문제에까지 나서지 않는 데가 없다는 것이 현실이다.

그런데, 일반 국민들로서는 얼른 납득이 가지 않는 것은 전교조의 '교육 외적 문제'에 대한 '반대와 투쟁'이다. 그러지 않아도 공교육의 부실화로 학부모들의 불신이 최고조에 달하고 있는 현 상황에서, 교사들이 교육자로서의 자질 향상에 신경을 써도 모자랄 판에 왜 쓸데없이 전문 분야도 아닌 여러가지 사회 국가적 사안에 까지 나서냐 하는 지적이다.

그러나, 이것은 한마디로 국회에서 입법한 '법률'이 그렇게 만들어 놓았다는 것이니, 아이러니컬한 문제가 아닐 수 없다.

즉, 전교조의 '교육 외적 문제'에 대한 '반대와 투쟁'은 그 대부분이 구조적으로 민주노총과 민주노동당의 사상, 이념, 정책과 함께 하도록 되어 있는데, 이는, 전교조를 합법화시켜 준 '교원의 노동조합 설립 및 운영 등에 관한 법률'이 전교조가 '상부단체'의 가입을 허용하고 있다는 것에서 시작된다는 점에 주목해야 한다.

전교조는 2000년 9월에 전국민주노동조합총연맹(민주노총)에 산하 노동조합으로 가입하였다. 따라서, 상부단체인 민주노총의 결정은 그 산하단체인 전교조 및 각 그 조합원인 교원들을 구속하고 있으니 교육 주체인 교사와 그 소속 노동조합이 상부단체에 종속적인 지위에 놓이게 되는 것은 당연하고, 민주노총의 각 노선과 전략 및 전술을 공유하고 파업을 비롯한 노동 관련 각종 사안은 물론 교육정책에 관한 주장에 있어서 성명, 집회, 시위, 교육활동 등을 통하여 보조를 함께 할 수밖에 없는 위치에 놓여 있는 것이다.

또, 민주노총은 민주노동당을 지지하는 활동을 하고 있고, 또 언제든지 여러 가지 사안에 관하여 정당을 지지 반대하는 정치 활동을 할 수 있으니, 그 산하단체로서 상부단체에 종속적인 지위에 있는 전교조 및 그 조합원인 교사들 또한 직접 간접으로 그러한 정치활동에 참여하거나 지지하는 결과가 되어, 정치적으로까지 중립적 위치에 있을 수 없게 되는 것이다.

민주노총의 강령에서 보듯이 투쟁 노동자의 정치세력화를 실현하고 제 '민주세력'과의 연대를 강화한다는 주장에 대해 산하단체인 전교조로서는 그 방향에 따라 행동하는 것은 어쩌면 당연한 결과이기도 하다.

이렇듯 전교조를 합법화시켜 준 '교원의 노동조합 설립 및 운영 등에 관한 법률' 부터가 공무원의 정치적 중립성, 교육의 자주성, 전문성, 정치적 중립성을 훼손시킬 수 있는 근거를 마련해 주고 있어, 이러한 법률의 구조적 모순에서는 전교조 교사의 본분 이탈 현상이 계속 될 수밖에 없고, 그들은 그만큼 학생 교육에 전념할 수가 없으니 교육의 질이 떨어지는 것은 불보듯 뻔한 일이다. 따라서, 교사 본연의 사명을 충실히 수행할 수 있게 하기 위해서는 적어도 이 법률에서 전교조가 '상부단체의 가입을 허용' 하는 부분 만큼은 이를 '불허' 하는 방향으로 개정해야 한다는 주장도 나오고 있는 것이다.

전교조 선생님, '투쟁'은 이제 뚝!

번번히 노란 조끼입고, 빨간 띠 두르고 피켓 들고 '투쟁' 하러 나서는 전교조 선생님들께 이 나라 학생과 학부모들이 하고 싶은 말일 것이다. 본분은 분명히 교육 공무원인 선생님인데, 하는 일은 노동자로서의 권익 추구에, 세상 온갖 일에 '반대와 투쟁'에 바쁘신 전교조 선생님들. 아무리 생각해 보아도 '참 이상한 노동자들'이다.

■ 전교조의 정체는 무엇인가?
[봄바람]

모든 생명에게 필요한 가치 특히 인간에게 필요한 것은 자유입니다.
생각하고 행동하고 주거하는 등등의 자유…… 흔히들 말하는 자유란 '정치, 종교, 사상' 으로부터 구속받지 않는 것입니다.
특히 자라나는 어린이나 청소년들에게는 반드시 필요한 원칙입니다.

그런데 전교조는 자신들의 이념을 구현하기 위하여 자신들에게 위탁된 어린이들에게 특정사상을 교육하고 그 어린이들을 자신들의 이념을 실천하는 도구로 만들어 버렸다는 것입니다.
이것은 가장 비민주적이며 자유 인권 이념에 반하는 비열한 수단으로 헌법이 보장하는 학생들의 배울 권리를 침해하고 어린이와 청소년들의 정신사상을 자신들의 이념으로 세뇌시키는 만행입니다.

스승이 무엇입니까 제자들을 앞서 열거한 불합리로부터 보호하여주는 것, 즉 물고기들이 자유로이 살아갈 수 있는 강물이어야 합니다..
그러나 오늘날 오만하고 교만한 전교조의 독선과 독단의 폭력은 참으로 가관입니다.
그들이 연구하고 노력하는 것이 과연 본연의 직분인 스승의 자리에 어울리는 소리인가?

　이념의 사상과 정치 군사 국방 외교 보건의료까지 국가제반의 정책에 관여하여 간섭하고 투쟁하는 집단이 여기 이 땅의 전교조 말고 어느 나라의 교사들이 있습니까.

　각종 국가사회의 여론조성과 선거에까지 개입하여 무소불위의 능력이라는 희대의 폭력을 저지르고 있는 것이 바로 교사, 스승이라는 전교조입니다.

　교장의 죽음은 불행한 일이지만 이 사태에 이르러 큰 의미가 없습니다.

　지금 국민들이 분노하는 것은 바로 전교조의 이와 같은 만행들입니다.

　교장의 죽음을 커피 한 잔의 여성차별이라는 것으로 왜곡하고 음해하여 자신들의 음모를 숨기고 자신들이 원하는 방향으로 여론을 몰고 가려는 것이 전교조의 전략임을 국민 누구나 잘 알고 있는 일입니다.

　지금 우리에게 필요한 것은 자유, 민주, 평등, 평화이며 이것보다 더 소중한 가치는 세상에 없습니다. 사랑하는 우리의 자녀들이 특정 정치, 종교, 사상으로부터 자유로워지는 그날까지 나는 여기 존재할 것입니다

　해체 전교조
　전교조 없는 참 맑은 세상을 위하여 다 함께 손잡고 나갑시다.

■ 만류하는 말씀

[청헌]

네이스에 인권침해의 요소가 있고 없고 하는, 상대적인 측면에서 연가투쟁의 정당성을 따지는 것은 그다지 의미가 없습니다. 전교조가 문제를 제기하고 시정을 요구하는 행동이 전체적으로 교육적이면서, 또 다른 교육환경을 침해 손상시키지 않는 것이어야만 그 주장이 의미를 지닌다는 것을 깨달았으면 합니다.

교육에 있어서 네이스 거부다도 더 중요한 것은 학부모와 학교, 국민과 국가와 교사들 상호간의 협력입니다. 교사들만이 학생들을 먹이고 가르치는 것이 아닌 한, 다른 교육주체들의 역할은 오히려 교사들의 역할보다 크면 컸지 결코 못하지 않을 것입니다. 그 주체들의 협력은 마음에서 우러나는 것이므로, 국민의 마음을 무시하거나 아프게 하면 안 됩니다. 남의 마음을 무시하지 않는 것이야말로 민주주의의 요체이며, 민주교육의 핵심이라고 봅니다.

찬성하는 국민과 반대하는 국민을 숫자로 구분하여 많다 적다 따지거나, 국민의 마음을 진보니 수구니 분별짓는 것은 전교조의 기준을 국민들 마음 위에 획일적으로 덧씌워 분란을 야기하는 것이므로, 위험하지 않을 수 없습니다. 오히려 국민들 사이에 다툼과 충돌이 있을 것 같으면, 그 일이 아무리 중요한 일일망정, 양보하고 또 양보하는 것이 훨씬 교육자적인 자세라고 봅니다.

이제 그 많은 요소들을 무시하면서, 네이스라는 한 가지 정책을 좌절시키기 위하여, 국민 상당수가 걱정하고 만류하며 마음 아파하는 연가투쟁을 강행하고 나서는, "우리가 열심히 가르치도록 도와주시고 함께 해 주십시오?" 이에 반대하는 사람들을 틀린 사람들이라고 그토록 무시해 놓고 나서? 스스로 동댕이쳐 깨뜨린 그릇으로 그 엎질러진 물을 담아내겠다고?

크든 작든 매사에 국민을 두렵게 여기고 자기를 낮출 것을 전교조와 그 교사들과 교육을 위하여 간언드리고 싶습니다.

■ 원영만 조합장님의 단식에 즈음하여
[뿌리]

원영만 조합장님께서 단식 투쟁에 돌입했다고 합니다.
연세도 있으신 분인데 부디 건강을 훼손하지 않았으면
합니다.

朝聞歌 (조문가)

園鳥合臟李(원조합장이)
湍湜鰕群搖(단식하군요)
持琴酒去汦(지금주거면)
朝聞歌知僚(조무가지요)

(해석) 아침에 들은 노래
동산의 새들은 모여서 오얏을 감추고,
맑은 여울 속의 새우는 무리지어 노닐고 있구나.
거문고와 술을 지니고서 냇가로 가니,
아침에 들은 노래 소리로 벗인줄 진작 알았노라.

(자구풀이)
園 : 동산 원, 鳥 : 새 조, 合 : 합할 합, 臟 : 숨길 장, 李 : 오얏 이,

湍 : 여울 단, 湜 : 물맑을 식, 鰕 : 새우 하, 群 : 무리 군, 搖 : 노닐 요,
持 : 가질 지, 琴 : 거문고 금, 酒 : 술 주, 去 : 갈 거, 沔 : 냇가 면,
朝 : 아침 조, 聞 : 들을 문, 歌 : 노래 가, 知 : 알 지, 僚 : 동료 요.

(해설)
이 시의 작자는 미상이며, 일설에는 전교조를 아주 사랑한다고 한다. 새, 오얏, 여울, 새우, 거문고, 술, 냇가, 벗을 소재로 자연과 친화적이며 세상의 근심을 잊고 풍류의 멋을 나타낸 서정시이다.

[참고] 제가 한시를 올리는 이유

이 게시판의 여러 의견이 지나치게 과열되었거나 격해 있습니다.

따라서 자연과 인간을 소재로 한 서정시 위주로 한시를 올리니

부디 부족하지만 감상하시고 자제를 당부 드리기 위해서 올리는 겁니다.

■ 전교조의 투쟁오계[29]

[정문]

감방에서 빈둥빈둥 놀면서 콧구멍이나 쑤시는 원자[30]에게 자해오가 어느날 찾아서 물었다.

원자시여, 조합원의 길을 일러 주십시오.

무료함을 달랠 수 없었던 원자는 몇 날을 고민하여 조합원의 길을 자해오에게 내려주자 자해오는 뛸 듯이 기뻐하며 외쳤다.
"아!! 내가 드디어 도를 얻으니 오늘 저녁에 죽어도 여한이 없다."

사군이충(師群利忠) -
교사(전교조)의 무리들은 이익을 탐함에 있어서 진심으로 이익을 섬기며 노력 하여야 한다.

---

29) 신라 진평왕 때 승려 원광(圓光)이 화랑에게 일러 준 다섯 가지 계율 세속오계(世俗五戒)인 사군이충(事君以忠), 사친이효(事親以孝), 교우이신(交友以信), 임전무퇴(臨戰無退), 살생유택(殺生有擇)의 패러디로 보임.
30) 전교조 제10대 위원장 원영만의 성(姓)과 공자, 맹자 등 성현들의 '자'를 조합한 것?

사자이득(死者利得) -

죽은 자의 애절함과 증오심을 이용하여 조합에 이득이 되게끔 이용해 먹어라.

교노이신(交勞以信) -

전교조는 노총과 사귐에 있어서 신의를 가지고 그들과 협력하며 전교조 투쟁에 있어서 적절히 이용해 먹어야 한다.

임전무퇴(臨錢無退) -

전교조는 돈이 관련된 투쟁에 있어서는 목숨을 걸고 싸워야 하며 한 푼이라도 남는 것이 있다면 어떠한 경우이든 물러섬이 없어야한다.

투쟁유택(鬪爭有擇) -

투쟁이라고 무조건 하지 말 것이며 조합에 이익이 되는 것이라면 옳고 그름을 따지지 말 것이며 또한 공익을 따지지 말아야 할 것이다.

■ 전교조의 仁, 義, 禮, 智, 信

[정문]

전교조 활동에 회의를 느낀 조합원이 방황을 하다가
감옥에서 놀고 있는 원자에게 물었다.

원자님이시여, 전교조에도 仁이 있사옵니까.
한참 숙고를 하던 원자가 이르기를
당연히 우리에게도 仁이 있으며 義, 禮, 智, 信까지 있느니라.

첫째 10만의 소수로 대한민국의 모든 짐을 짊어지고
온갖 문제에 고추 가루 끼듯 껴서 참견하는 것이 仁이요,

둘째는 내가 감옥에서 고생하고 있는데 조합비로 보석금을 내서
나를 빵에서 나가게 하는 것이 義요,

셋째는 나이 먹은 해직교사가 승진점수가 모자르니 조합원이
교선보 투쟁을 하여서 해직교사를 교장을 만들어 주는 것이 禮요,

넷째는 투쟁을 하고 농성을 하거나 연가 투쟁 등에서 수당이나

노는 날을 정확히 계산 후에 조합원에게 얼마가 떨어지나를 아는 것이 智요.

마지막으로 전교조 홈페이지 게시판에 들어가서 안티들의 논리 정연한 주장을 어거지로 막아서 조합원의 치부를 감추는 것이 信이니라.

■ 홀로먹기[31]

[정문]

둘이 만나 나누어 먹는 것이 아니라
조합원이 싹쓸이해서 먹는 것이다

1
투쟁은
인권을 목적으로 하지 않아도 좋다
인권이 없으면
없는채로
껀수를 만들면서
팔뚝질을 하면서, 날리는
공허한 언어의 향연
주어진 나의 월급봉투를 위해
수업했던 숱한 출근의 날들
임용하면서 이미
월급봉투가 정해져 있다면

---

31) 서 정윤 시인의 詩 '홀로서기'를 패러디한 것으로 보임.

이제는 좀더
두툼하게 만들고 싶다

2
홀로먹는다는 것
눈총을 받으며
무지 따겁지만
두툼한 월급봉투의
진한 향기에 취하고 싶다
명동성당 앞에서 질퍽이며
그래도 두텁게
두텁게 봉투를 우러르는
이 작은 가슴
아무도
월급봉투를 두텁게 채울 수 없고
결국은
홀로 먹어야 한다는 것
한겨울의 눈발을 쓸듯
우리는 싹쓸어 먹어야 한다

3
지우고 싶다
게시판의 안티의 글을
휴지통에 버리고 싶다
아무도

관리자의 아픔을 돌아보지 않고
오히려 수렁 속으로
깊은 수렁 속으로
밀어 넣고 있는데
내 머리는 비어만 있으니
체념 할 수밖에……
간신히 간신히 버티고 있는 댓글이
산산이 부셔져 버린 어느 날
나는 허전한 뒷모습을 보이며
돌아서고 있다

4
누군가
조합을 향해 다가오면
우리는 〈털썩〉 손을 잡아야 한다
그러다가 그가 우리에게서 멀어져 갈 때
발을 동동거리며 애원을 한다
수령님은 이미
우리의 곁에 있고 우리는
목숨 걸고 잡아야 한다
시간이 지나면 지날수록
얼굴의 두께는 오리발은
점점 두꺼워 지고 있다
떠나는 조합원은 다시오기 힘들고
떠날 조합원은 무조건 잡고

떠난 조합원은 왕따를 시켜야 한다
조합원이 줄어드는 것
하늘이 무너지는 아픔이다

5
우리를 지켜야 한다
누군가 우리를 압박해도
그 논리적인 압박을
이겨내기 위하여
마음의 창을 꼭꼭 닫아야 한다
수많은 시행착오를 거쳐
얻은 이 절실한 결론은
〈게김이다〉
〈게김이다〉 하며 투쟁해야 한다
결국 투쟁에서는
더 이상 공익이 없음을 깨닫는 날
우리는 비록 욕은 먹지만
웃음을 웃을 수 있다
아무도 대신 게겨주지 않는
우리 투쟁
좀더 열심히 투쟁해야 한다

6
조합원이 모두 뭉쳐
떼거지로 모두를 대하고 싶다

그것조차 집단이기주의라고 말할지라도
변명하지 않으며 살고 싶다
말로서 게기지 말고
행동으로 게기는 것이
더욱더 효과적이리라
그 끝없는 게김과 투쟁을
우리의 힘으로 하여야 한다
대X리를 빡빡 밀어도
아무도 도와주지 않는다
숱한 투쟁의 날을 보내며
〈홀로먹기〉를 익혀야 한다

7
퇴직이
인생의 종말은 아니기에
이 추한 모습을 보이면서도
게겨야만 한다
우리의 연금에 대해
우리가
배불리 먹을 수 있을 때까지
〈홀로먹기〉임을 느껴야 한다
그리고
이 다음에
홀로 먹고 있을, 우리의 모습을 위해
건배를 하자

재벌은 될 수 없지만
〈부자이다〉하며
살아가고 싶다
누구보다도 열심히 투쟁을 하자

■ 노는 눈 있으신 분만 보십시오

[진등]

미리 말씀드립니다.

"역지사지(易地思之)하여보거라"라고 말씀하시는 분들이 많으리라는 것을 알면서도 이 글을 올립니다.

1. "내가 가르치는 것이 과연 옳은 것인가?"

두 번, 세 번…… 숙고하고 고뇌하는 것이 참 스승의 모습입니다.

(그 까짓것(?) 누구나 다 안다고 합니다. 그러나 실천은 어렵습니다.)

냄비 끓듯, 남 따라 장 가듯이 남이 하니 무조건 따라서 하는 경솔함을 지적하고 싶습니다. (그리하는 교사가 어디 있냐고 합니다. 그러나, 그러한 경우가 많습니다.)

2. 기존질서를 인정하지 않으려는 경향이 너무 강한 것은 아닙니까?

기존 질서를 지키려는 세력과, 새로움을 추구하는 세력은 어느 시대 어느 사회에나 있게 마련입니다. 개개인의 개체 내부에서도 정도의 차이는 있어도 이런 갈등은 생깁니다.

개인이나 사회는 이 둘이 서로 상충하면서 발전되는 것입니다.

기존 질서만 고집하다보면 발전이 더디고, 새로움만 쫓다보면 사회가 혼란, 허약해지는 것입니다.

그 둘이 공존하면서 견제와 조화를 이룰 때 더욱 성숙되고 발전되는 사회가 되는 것 아니겠습니까?

지금 전교조를 비롯한 소위 개혁세력이라는 분들은 기존의 질서를 부정하려는 측면이 너무 강하기 때문에 반발을 불러일으키고 있는 것입니다.

한 발만 뒤로 물러나서 보십시오.
당신의 아버지, 할아버지께서 이루어 놓은 것들이 모두 버려야 할 것들만은 아닙니다. 타도의 대상은 더더구나 아닙니다.

3. '옳고 그름'을 너무 쉽게 단정지우는 경향이 있지는 않습니까?

수천 년을 거쳐 정제된 인류 보편적 가치나, 사회 통념적, 객관적 사실 같은 것도 '옳고 그름'을 가르치는 데는 끊임없는 자신의 인격 도야와 수양의 바탕 위에서 매우 조심스럽게 이루어져야 하는 것입니다.

더군다나, 주관성이 강한 이념이나 사상 같은 것들에 대하여 '옳고 그름'을 단정 지어 가르친다는 것은 사상의 자유를 누릴 수 있는 기회를 원천 봉쇄하는 결과를 낳기 쉽습니다.

그러한 것들은 '옳고 그름'의 문제가 아닙니다. 어린 청소년들에게는 다양하게 사유할 수 있는 문을 열어주고, 판단과 선택의 능력을 지닐 수 있는 기초를 놓아주는 것이 올바른 스승의 길이 아닌가 합니다. 지금처럼 일방적 사상주입식의 교육은 장래의 우리 국민을 개혁세력이 그토록 미워하는 진짜 수구 꼴통적인 국민으로 만들 우려가 매우 큽니다.

예민하고 민감한 청소년들의 사고에 미리 틀을 짜서 맞추어 주는 우를 범하지 않기를 바랍니다.

4. 너무 투쟁 일변도는 아닙니까?

투쟁을 통하여 얻는 것이 많을 것입니다. 그러나 잃는 것 또한 많다는 것을 알아야 합니다. 저가 보기에는 스승이 현재와 같은 모습으로 투쟁을 한다면 얻는 것은 눈 앞의 티끌이요, 잃는 것은 장중보옥〈(掌中寶玉) : 내 자식〉이 아닐까 합니다.

집회 참가 선생님들의 안타까운 소식을 접하고 저도 몹시 가슴이 아팠습니다.

■ 엽편(葉片)소설 – "지도부가 잘 헌 것도 있지라"

[스전폭]

종로 2가 뒷골목 어느 허름한 술집.

토요일, 아직 해는 중천에 떠 있건만 세 명의 남자가 앉아 소주를 마시고 있다.

시커먼 얼굴에 머리를 빡빡 깎아서 꼭 교도소에서 바로 출감한 것같은 얼굴을 한 사내 A와, 영양과잉의 탓인지 기름기 잘잘 흐르는 푸짐한 얼굴의 사내 B가 소주와 무슨 철천지 원수라도 진 듯이 서로 부어라 마셔라 술잔을 주고 받고 있는 가운데 깡마른 사내 C는 술잔은 놔두고 아까부터 핸드폰 버튼을 누르며 놀고 있는 듯한 광경이다.

"아 스바, 오늘은 완전 X됐네 이거. 도대체 작전을 짜려면 좀 뭔가 먹혀들어가게 짜야지 이게 뭐야, 참 나."

빡빡머리 사내 A가 술잔을 내려놓으며 말했다.

"그러게 말야. 난 자네 말만 믿고 시민들이 우리 편 들어줄 줄알고 따라 나왔는데 오히려 우리에게 돌맹이까지 던질 줄이야…… 어휴, 아까

내 머리에 맞는 줄 알았다구……."
푸짐한 얼굴의 사내 B가 굵은 목에 흐르는 땀을 닦으며 말했다.

"나두 이럴 줄 알았으면 스바, 머리 밀지 말고 그냥 나올 걸. 괜히 오바했잖아. 애들한테도 쪽팔리게스리."
깜빡 잊었다는 듯 사내 A가 가방에서 모자를 꺼내쓰며 말했다.

"에이~, 머리야 뭐 금방 자라는 거고 그래도 지도부 동지들에게 눈도장 찍고 그랬으니 동지는 차기 지부 임원 투표에서 감투 하난 따논 당상 아닌가? 자, 한 잔 드세!"
사내 B가 '위로성 발언'을 하면서 다시 원샷을 권했다.

사내 A,B,C는 '좆 무슨 組'라는 교직원단체 소속의 교사들이었다.
과거에도 몇 번 해봤던 '연가투쟁'이라 별 일 없겠지 하고 평소 열심히 조합일에 나섰던 A는 스스로 머리까지 밀어 대내적으로는 조직 충성심의 표시와 시민들에게는 불의와 압제에 항거하는 '정의의 투사'처럼 보이려는 일석이조의 효과를 노리고 나섰었다.
그러나 불경기요 실업난에 시달리는 시민들이,
'배불리 쳐먹고 할 일없으니 저 X랄들 하지!'
라는 메세지가 가득 실린 차가운 시선에다가 지도부 윗대가리 동지들부터 기가 푹 죽어 있는 모습을 보고는 지도부에 대한 실망 반, 분노 반의 심정으로 '머릿수 채우기' 동지인 B,C와 함께 시위 대열에서 빠져나와 '땡땡이'를 치고 있는 것이다.

"근데, 이 친구는 술은 한 잔도 안 마시고 뭐하나, 아까부터? 에구, 또

주식 연구하고 있구만. 자네 아직도 주식하는가? 학생 애들 사이에도 소문이 다 났더구만. 수업 시간에 자습시키고 핸드폰으로 주식 거래나 한다고."

　B가 이쑤시개로 잇새에 끼인 찌꺼기를 파면서 C에게 못마땅한 듯이 말했다.

　"아따, 어차피 다 먹구 살려구 하는 일인디…… 재테크 좀 하는 건데 머 숭될거 있남? 글고 일단 수업 들어가면 내가 왕인디 누가 타치한당가? 자네야말로 촌지왕이란 소문이 자자하든디, 자네 그 튀나온 뱃살이나 좀 관리하랑게?"

　C는 '똥묻은 개가 겨 묻은 개 나무라네?' 하는 투로 '너나 잘 해' 라고 되박았다.

　"그래도 이번엔 지도부가 잘헌것 도 있지라.
　동지들 재산권 보호하는 차원에서 배려가 있었단 말이시. 저번엔 평일 날 하는 바람에 주식 못팔아서 내 주식 하한가 맞아서 돈 좀 거시기하게 잃었지라. 오늘은 토요일이라 그런 봉변은 면했으니께 고건 잘한 일 아니랑가. 우리가 머땀시 운동하는 겨? 솔직허니 말해서 다 잘 먹구 잘 살자는 거 아녀? 자, 술들 다 마셨으면 슬슬 일어나야제?"

　C가 막잔을 청하며 한 말이었다.

　부끄러운 듯 모자를 푹 눌러쓰고 술집을 나서는 A의 다리가 휘청거리기 시작했다.

■ 우물 밖 세상을 보라

[새미래]

국운이 기울고 있다.
저물어가고 있다.
돌파구가 없다.

꿈도 잊었다.
희망도 잊었다.
안타까워해 줄 친구도
없다.

주위에는 미운 적들만 있을 뿐이다.
우리가 그렇게 만들었다.
그들의 이름 앞에는 반(反) 자가 따라다닌다.
반미, 반일, 반소, 반중······.
앞으로는 친(親) 자 쓰는 법도 좀 배우자.

이미 열려버린 무한경쟁시대······
남들은 일초가 급해 달리는데

밥그릇 싸움에 물고뜯는 못난 모습들…….

다시 중국의 속국을 향해
떠내려 가고 있는
시동꺼진 한국호…….

지나가는 기차에 무관심한
오막살이…….

왜?
왜 휘말려가는 거대한 흐름은 잊고
우물 속에서 짖고 있는가.
어리석은 전교조여,
우물속의
어리석은 전교조여…….

■ 이제 변해야 한다. 변해야만 산다
[새미래]

세계는 점차 좁아지고 있다.
전 세계가 일일생활권화 되어가고 있다.
국경도 낮아지고 있다.
어쩌면 아예 없어질지도 모른다
세계화시대. 무한경쟁시대는 우리가 원하건 원하지 않건 시대적 대세이다.

우리의 교육을 한번 되돌아보자.
우리가 유학 등으로 해외에서 소비하는 돈이 연간 6조 원에 육박하며 이중 낭비되는 돈만도 연간 3조 원을 넘는다.
왜 그 돈을 해외에다 뿌려야 하는가? 이유가 무엇인가?
바로 우리의 교육이 얼어붙었기 때문이다. 그들 수준에 못미치기 때문이다.
국내 교육만 가지고는 안된다는 것이 직접 호주머니의 돈을 꺼내드는 교육 수요자들의 판단인 것이다.
손익계산서를 냉정히 두둘겨 본 수요자들의 판단인 것이다 그렇다면 해법은 무엇인가.

수요를 충족시켜주면 되는 것이다.

외국에 있는 학교에 가지 않더라도 국내에서 동등 이상의 교육을 받을 수 있도록 해 주면 되는 것이다.

그런데 그 돈을 공교육과 자신들의 편익을 위해 쏟아부어달라는 집단이 있다.

교사들 보수 더 주고 더 놀게 해주고 편하게 해주면 자연히 교육수준이 높아진다고?

물론 일리가 전혀 없지는 않다.

그러나 한참 뒤떨어진 교육을 외국 수준이 될 때 까지 몇십 년이 걸릴지도 모르는 세월을 마냥 기다리고만 있으라는 것은 실로 어처구니 없는 주장이다.

우리 공교육에 쏟아부은 돈이 적어서 수준 낮은 하향평준화 교육이 되었는가?

우리 교사들 대우 수준이 부족해서 우리의 교육수준이 형편없이 되었는가?

아니다.

바로 경쟁이 없기 때문이다.

경쟁할 필요가 업는 기찻길 옆 오막살이 같은 구조가 오늘의 질 낮은 교육을 만들었다.

고인 물은 썩는다.

경쟁 없는 게임은 게임이 아니다.

밤낮 능력을 무시한 평등만 부르짖는 교원 이익단체의 행태 때문에 우리의 교육은 침몰 일보직전까지 와 있다.
 전교조 등의 집단이기주의 단체의 말은 들을 만한 영양가가 거의 없다 이익단체는 이익단체일 뿐이다.
 그들은 우리 교육의 미래에 대해서는 관심조차 없다.
 모든 초점을 자신들의 기득권 유지와 새로운 밥통의 쟁취에 맞추어 밤낮 투쟁만 일삼고 있다.

이제 더이상 이 집단이기주의 단체에 우리의 교육미래를 도둑맞아서는 안된다.
 전교조를 비롯한 교사들이 누리는 권한은 하늘 높은 줄 모르는데(엄청난 액수의 우리의 세금이 전교조 등으로 새고 있다.)
 이들은 마냥 더 얹어줄 것을 요구하며 밤낮 붉은 머리띠를 동여맨다.
 그것도 표면적으로는 그럴싸한 명분으로 포장하며…….
 왜그럴까?
 경쟁할 필요가 없기 때문이다.
 붉은 머리띠 동여매고 싸우는 것이 자신의 능력 배양에 힘쓰는 것보다 훨씬 더 남는 장사이기 때문이다.

이제 바뀌어야 한다.
 세계는 보이지 않는 실탄과 포환이 날아다니는 전쟁터를 불사한다.
 시시각각으로 변하고 있다.
 그런 속에서 살아가는 우리의 교사 고용구조는 능력을 무시한 평등의 평생 철밥통구조이다.
 이러니 누가 노력을 하려 하겠는가?

대학에 들어가기만 하면 4년간 놀아도 앞날이 보장되던 희한한 구조가 국내 일류대학을 세계 하위권 대학으로 만들었듯이, 노력할 필요 없는 구조는 실력을 쌓을 필요가 없는 구조가 되어 필연적인 퇴보에 퇴보의 악순환을 낳은 것이다.

전교조 등이 목적하는 것이 바로 이것이다.
노력할 필요 없는 구조 속에서 남들보다 훨씬 대우받으며 사는 평생 철밥통 구조…….
전교조의 못된 행태를 반드시 깨어버려야 하는 이유가 바로 이것이다.
이러한 이익단체의 몰염치는 거기서 끝나는 것이 아니라, 이 나라 교육의 붕괴, 이 나라 미래의 붕괴를 가져온다는 점에 문제의 심각성이 있다.

전교조는 더 달라고 하지만 이제 더 줄 것이 없을 만큼 너무 주어 버렸다.
이제 국가대계와 국민의 미래를 위해서 다시 거두어들여야 할 때이다.

전쟁의 양상이 바뀌면 성벽의 높이나 구조가 달라져야 한다.
심지어는 성벽을 없애고 지하 참호를 파야 한다.
구시대의 방식을 고집해선 시대를 앞서갈 수가 없다.
미사일이 왔다 갔다하는 시대에 드높은 성벽같은 철밥통 구조로는 게임이 안되는 것이다.

이제 이익단체가 스스로 거듭나서 경쟁력 있는 교육자가 되어주길 고대하는 것은 더 이상 바랄 수가 없다.

바꿔어주길 기대하는 것이 아니라, 바뀔 수밖에 없게 만들어나가야 하는 것이다.

바로 경쟁이다.

외국의 교육기관이 들어올 수 있도록 문호를 개방하여야 한다.

중국은 WTO의 압력 때문이 아니라 스스로 교육 문호를 개방했다.

그리고 세계 유수의 교육기관을 자신의 안방으로 들여와 오늘의 변혁의 세계에 발맞추고 있다.

태국 등 동남아 여러 국가들도 이와 비슷한 형태로 외국의 교육자본을 유치하기 위해 열을 올리고 있다.

그런데 우리는 어떤가?

누구도 우리나라에 투자하지 않을 폐쇄적인 방향을 고수하고 있다.

비영리에다가 번돈을 외국으로 송금도 못하게 하고, 수도권에는 못하고, 이 규제, 저 규제……

참으로 한심한 일이다.

먹을 것이 있어야, 있어야 고기가 몰려올 것이 아닌가.

먹을 것이 있어야 외국의 교육자본이 몰려들 것이 아닌가.

그들은 자선사업 단체가 아니다.

원인을 제공해주어야 한다.

이 나라 교육의 미래, 이 나라 백년대계를 이익단체의 몰염치한 투쟁에 이끌려가서는 안된다.

이제 우리 스스로 지켜야 할 때이다.

호전적인 집단이기주의 단체 전교조,
그들의 행태를 주의 깊게 눈 여겨 보아야 할 때이다.

그리고 그 관심을 행동으로 옮겨야 할 때이다.
우리 교육의 미래를 위해,
이 나라 백년지 대계를 위해…….

■ 전태일[32]을 더 이상 팔아먹지 말라
[스전폭]

오늘 민노총 '총파업' 투쟁에 전교조도 참여한다고 한다.

민노총, 전교조는 걸핏하면 '전태일 열사' 정신 계승 운운하면서 마치 저들의 데모가 국가와 민족을 위한 투쟁인 양 호도하고 있지만-
웃기는 소리 작작하라.
전태일은 그것이 비록 국가와 민족 전체를 위한 것은 아니더라도 최소한 그 당시 어려운 작업환경에서 일하는 '최빈층 육체 노동자'를 위해서 몸을 던진 사람이라 나름대로 그의 죽음은 의미가 있었다.

그러니 30년도 더 지난 지금, 길거리엔 대학 갓 졸업한 청년 실업자, 구조 조정으로 인한 3, 40대 실업자, 신용불량자 400만에, 오갈 곳 없는 노숙자, 그리고 노조 가입도 할 수 없는 일용직 노동자들과 닫지 못해 상점 여는 개인사업자들이 정작 이 나라 곳곳에서 피눈물을 흘리며 어디에다 말 한마디 못하고 가족 동반 자살 등의 형태로 죽어가고 있는 것이다.
이러한 사회 실상에 눈을 돌린다면, 노조 가입된 근로자는 더 이상 전태일 시대의 '최빈층 육체 노동자'가 아니고 그야말로 이 험한 세상에

---

32) 1970년, 당시 열악했던 노동 환경을 분신자살로 항거한 청계피복노조의 노동자. 그의 죽음은 우리나라 노동 운동이 본격적으로 시작되는 계기가 되었다.

그래도 안정된 일자리를 보장 받은, 먹고 살만한 '은혜받은 중산층' 들임을 스스로 알 수 있을 것이다.

특히 전교조는 이 은혜받은 중산층 중에서도 귀족급에 해당하는 중산층으로 일반 노동자보다 빵빵한 월급봉투에 주 20시간도 안되는 '노동' 시간, 연 4개월에 이르는 방학휴가, 보너스로 '선생님' 이라는 존경심도 받는, 전교조식 2분법으로 말하자면 확실히 '가진 자' 이며 '부르조아'에 해당된다.

따라서, 전교조는 더욱 노동자들에 슬쩍 들어 가 함께 데모할 아무런 자격도 명분도 없다는 것을 알아야 한다.

전태일의 시대는 지나갔다. 전태일을 더 이상 팔아먹지 말라.
지금 하는 민노총, 전교조의 온갖 투쟁들은 오로지 '가진 자들의 횡포' 일 뿐이다.

해체 전교조
전교조 없는 참 맑은 세상을 위하여…….

■ 우리 아이들이 살아갈 세상을 위하여
[ohara]

　맥도날드니 캔터키프라이드 치킨은 이름도 들어보지 못했고 칠성 사이다가 최고이던 시절, 외제차면 벤츠가 최고인 줄 알고, 피에르 가르댕 넥타이 하나가 저녁 내내 술값으로 충분하던 시절, 라면땅이 맛있는 간식거리였고, 빙그레 누가바가 처음으로 나오던 시절.
　그 시절엔 외국 가는 것이 힘들었어도, 정말 자랑스럽고 누구나 한 번은 해 보고싶던 경험이었습니다. 광부로 나갔건, 건설현장에 갔건, 간호원으로 갔건, 의사로 갔건, 공부를 하러 갔건, 종합상사의 해외 특파원으로 나갔건, 아니면 총을 들고 베트남으로 갔건, 당시에는 누구나 미래의 안정되고 풍요로운 생활을 꿈꾸며 몇 년간의 힘든 나날들을 자청해서 나갔지요. 자신과 가족의 보다 나은 미래가 목적이기도 했으나 동시에 조국의 발전에 조그만 도움이 되리라는 바람도 그들의 어깨에 긍지를 더해 주었습니다.
　처음 보는 세상, 서투른 언어, 낯선 인간들과 풍습, 그리고 입에 맞지 않는 음식과 견디기 힘든 기후, 그리고 그 무엇보다도 더 참기 힘든 외로움. 이 모든 것을 다 견딜 수 있었던 것은 아마도 미래에 대한 희망 때문이었을 것입니다.

조국에서도 마찬가지였지요. 모두들 힘들여 일하던 시절이었습니다. 와이셔츠 한 장이 3, 4불 하던 시절, 우리들의 어린 누이들은 밤을 새운 졸린 눈으로 공업용 기계 재봉틀을 돌리다 그만 손톱위로 재봉틀 바늘이 서너번 들어갔다 나오기도 했던 그런 시절도 있었지요. 광산촌에서는 매몰사고가 나기 일쑤고, 공장에서도 수많은 안전사고가 있었지만, 그래도 컨테이너 실을 붙이면 흥이 났고, 은행원이건, 회사원이건, 가정주부건, 학생이건, 교사건 우리의 목표는 한 가지, '한 번 잘 살아 보는 것' 이었었지요. '잘 살아 보는 것' 이 아니라 한 번이라도 스스로 자랑스러워 보고 싶다는 것이었겠지요.

이런 얘기야 누구나 하나씩은 가슴속에 묻고 있을 것입니다. 과거 얘기야 해서 무엇하겠습니까? 과거의 몇 가지 작은 공으로 지금의 잘못에 대한 책임을 면하려 하는 어떤 집단의 얕은 술수와 같아 보일 수도 있는 것을……. 전국민이 합심하여 이루어 낸 지난 날의 성취가 미래에도 빛나게 하려면 이제 미래를 준비해야 할 때입니다.

이제 우리는, 우리의 아이들이 살아갈 세상은 어떤 세상인지 생각해야 합니다. 그리고 그 아이들이 당당하게 세상과 맞서며 살아갈 수 있도록 준비시켜 주어야 합니다. 그것은 그 아이의 미래를 위해서 뿐만 아니라 이 땅에 살아갈 수많은 다음 세대를 위해서 우리가 해야될 일이기 때문입니다.

우리 아이들은 세상을 상대로 살아가야 합니다. 좁은 한반도에서 서로 아웅다웅 싸우며, 있는 양식 축내고 살아가도록 해서는 안됩니다. 앞으로의 지도자는 키도, 덩치도 당당하게 커야되고, 영어도 잘 해서 언어 때문에 일없이 웃고만 있어서는 안되며, 기자회견 자리에서도 하고싶은 말, 해야할 말을 거침없이 쏟아내고, 누구를 상대하건 자신 있는 태도로 당당히 요구할 것은 요구하는 그런 사람이어야 합니다. 코 큰 서양 아이들을 호령하기도 하고 그들의 어깨도 두들겨 줄 수 있도록 가슴과 머리에서 그들을 압도해야 합니다. 우리 사회에 이런 지도자가 한 둘로는 부족합니다. 이런 지도자가 사회 각계 각층에 수천 명, 수만 명이 필요합니다.

이런 미래의 지도자들은 세상을 알아야 합니다. 민족과 통일이 전부인 것으로 알고, 내 것만이 최고인 줄 알고, 내 생각만이 옳은 줄 아는 아이는 이런 지도자가 될 수 없습니다. 모든 판단의 기준이 하나로 만 이루어진 속 좁은 인간은 이런 지도자가 될 수 없습니다. 모든 생각이 눈에 보이는 것에만 국한된 인간은 이런 지도자가 될 수 없습니다. 남의 생각도 알고, 남의 말도 들을 줄 알고, 그 생각의 배경도 이해할 줄 알아야 합니다.

'행복은 성적순이 아니' 라는 생각만을 가진 수준 낮은 지도자를 길러 내어서는 아니됩니다. 행복은 성적순이 아니지만 성적은 노력순이라는 것을 알고 노력의 가치를 진실로 소중하게 생각하는 사람, 그런 지도자를 길러 내어야 합니다.

영어 한 단어, 수학 한 문제 더 많이 아는 것보다 인간이 되는 것이 중요합니다. 그러나 또한 분명한 것은 영어 한 단어가 중요하지 않은 세상을 만들 수 있는 사람은 지금 이 시간에 영어 한 단어를 중요하게 생각하는 사람이라는 것입니다. 영어 한 단어를 중요하지 않게 생각하는 사람은 결코 그런 세상을 만들 수가 없답니다. 남의 생각을 이해하지 못하는 사람은, 다른 나라의 행동양식을 알지 못하는 사람은 결코 남에게 이길 수 없습니다. 우리는 그런 지도자와 그런 국민을 길러 내어서는 안됩니다. 가슴에는 민족을 담고 머리로는 세계를 보는 그런 지도자를 길러 내어야 합니다.

　이제 우리는 모든 분야에서, 지나간 우리의 세대와는 달리 아무런 망설임 없이, 아무런 거침없이 세계로 달려나가, 아무런 제약 없이 당당하고 자유롭게 경쟁할 수 있는 우리의 탑건(최고의 전투기 조종사)들을 길러 내어야 합니다. 이런 탑건은 좁은 안목과 짧은 식견, 편협한 사고와 편향된 시각에서는 길러지지 않습니다.

　이런 탑건의 양성을 방해하고, 아이들의 눈과 귀를 멀게 하고, 아이들의 머리 속에 무거운 자물쇠를 달아버리는, 교육이라는 미명하에 자행되는 어떤 집단의 횡포를 이대로 방치해서는 안됩니다. 민족과 통일을 빙자하여 아이들의 눈에 색안경을 씌우는 자들의 만행을 좌시해서는 안됩니다. 자신들이 믿고 아는 것 만이 전부라는 아집과 맹신으로 가득 찬 무리들에게 우리 아이들의 미래를 맡길 수 없습니다. 자신들의 생각을 구현하는 수단으로 아이들을 이용하는 무리들에게 아이들의 교육을 맡길 수 없습니다. 잘못을 저지르는 것은 용서할 수 있으나, 잘못을 깨닫지 못하는 무리들에게는 아이들의 교육을 맡길 수 없습니다.

　아이들의 미래와, 또 그 아이들의 미래를 위해서 이제 사회의 중심 축을 이루는 양식 있는 국민, 학부모들이 눈을 부릅뜨고 지켜보아야 할 때입니다. 21세기를 살아갈 아이들을 19세기식 편협한 생각으로 가르치는 것을 방관해서는 안됩니다. 이 기회가 지나면, 다시는 되돌릴 수 없을지도 모릅니다.

마치면서

편저자 김동렬

지금 우리나라의 학교 교육 현장은 황폐화 일로를 걷고 있다.

그 대표적인 모습 중의 하나가 교장과 전교조간의 근원적인 시각 차이에서 발생하는 교단갈등의 문제이다. 즉, 같은 일을 놓고도 교장의 경우는 학교의 최종 책임자이기 때문에 학교 행정을 조정, 지도, 감독하는 임무를 적극적으로 할 수밖에 없다. 전교조는 이를 권위주의적이고 독선적인 학교 운영이라고 규정짓고 민주적인 학교 운영을 주장하며 반대와 투쟁을 한다. 이 과정에서 감정이 대립되고 서로를 불신하는 지경에까지 이르게 되는 것이다.

물론 학교장 측의 독선, 비리가 있다면 이는 잘못된 것이고 개혁되어야 할 것이다.

그러나 합법화 이후 부쩍 몸집이 거대해진 전교조가 대화와 타협보다는 집단의 물리적인 힘으로 모든 것을 해결하겠다는 생각은 없었는가? 교장의 권위를 파괴하여 전교조의 원하는 바대로 학교를 끌고 가고자 하는 생각은 없었는가? 또 학교 경영을 책임지고 있는 교장의 입장을 이해하려고 역지사지적인 노력은 해본 적이 있는가? 이에 대하여 전교조 스스로 뒤돌아보아야 할 때라고 보며 더 이상 스스로를 '굴종의 교육노동자'가 아니라 존경받는 스승으로 거듭나라는 고언을 감히 드리고 싶다.

갈등의 원인 중 대표적인 것은 교장의 교사에 대한 인사권 행사 문제와 학교예산 집행의 문제라 할 것이다. '민주적인 교단 확립'을 주창하는 전교조의 입장으로서는 '교장의 입맛에 따라 평가한다.'고 주장한다. 하지만 이미 인사권 문제는 인사자문위원회에서 하기 때문에 교장이 마음대로 할 수 없는 것으로 과거와는 그 현실이 다르다고 할 것이다.

학교예산도 각 부서의 교원들이 편성하고 행정실장이 가능성 여부를 검토한 뒤 학교운영위원회의 심의를 받도록 돼 있지만 이 또한 강제 조항은 아니어서 최종 집행은 역시 교장이 행사하기 때문에 교장이 마음만 먹으면 예산을 마음대로 사용할 수 있는 구조여서 돈이 들어가는 일을 중심으로 각종 비리를 저지를 수 있다는 것이 전교조 측의 주장이다.
하지만 이 역시 예산 책정 단계에서부터 교사들의 참여가 이루어지고 있고 예산 집행에 대해서도 학교운영위원회가 있기 때문에 교장이 재량을 발휘할 여지가 거의 없다고 보아야 할 것이다.

그럼에도 불구하고 전교조와 학교장의 갈등이 계속되고 있으니 이제 그 원인들을 원천적으로 없애야 한다고 본다.
인사권 행사 문제에 대해서는 교장의 교사 평가 권한을 분산시키는 방법을 생각해 볼 수 있다. 학부모와 학생의 참여 등을 포함한 다면평가제의 도입 등으로 객관적이고 합리적인 교사 평가 제도를 도입하면 전교조의 불만 중 하나는 자연 없어질 것이다.

또, 학교예산 집행문제 역시 현재보다 더욱 공정한 집행을 위해 제도를 보완 개선해야 할 것으로 본다. 의사 결정 과정에서의 투명성, 합리성, 경쟁력 확보를 위한 자유 공개 입찰 등의 제도 정착과, 정부 차원에서는 교육비리 고발 상설감사반 개념의 제도 운용도 바람직하지 않나 본다.

한편, 전교조는 판단력이 부족하고 강한 흡입력을 지닌 학생들에게 자신들의 사상에 의한 편향된 시각이나 정해진 의도대로 가치중립적이지 못한 교육을 하고 있는 것이 아닌가 하는 국민들의 우려를 불식시켜야 할 때라고 본다.

물론 전교조 자체나 그 조합원 개인 개인이 특정한 이념이나 사상을 갖고 있는 자체는 그것이 실정법에 저촉되는 행위로 연결되지 않는 한 문제가 되지 않을 것이다.

그러나 전교조가 자신들의 특정한 이념이나 사상을 학교에서 학생들에게 가르친다는 것은 극히 잘못된 일이다. 선생님의 말씀 한마디 한마디가 아직 가치관이나 또는 판단의 능력이 부족한 어린 학생들에게 미치는 영향력은 엄청나게 커서 그 교육 내용들이 머리에 쏙쏙 들어오게 되고 일평생 변하기 쉽지 않다는 점을 감안한다면 조심, 또 조심해야하는 것이 교육자로서의 올바른 도리일 것이다.

전교조가 사용하는 '참교육'이라는 용어 자체가 자신들이 하는 교육행위를 제외한 기존의 교육을 전면적으로 거짓된 것으로 매도하는 측면이 강하다. 자칫하면 여태까지 국민들의 합의로 해온 성공적인 교육마저도 통째로 부정하는 듯한 인상을 준 것을 이제는 바로 잡을 필요가 있다고 본다.

실제, '참교육'은 7~80년대 독재적 정권시절의 어두웠던 교육 현장에서 권력자의 정치적 이익을 위해 정권의 일방통행식 교육에 대한 반대 개념에서 나왔다는 점은 전교조도 인정하고 있는 것이다. 그러나 90년대 이후 이미 그러한 과거의 정치행태는 모두 막을 내리고 민주적인 정부가 탄생하였고 사회의 대부분이 민주화가 되었다.

그 어떤 권력자도 정권의 이익을 도모하기 위해 학교와 교사를 탄압하거나 교육을 자신의 목적달성을 위해 이용할 수 없는 시대가 된 것이다.
더욱이 전교조가 합법화되고 세기마저 바뀐 현 시점에서 더 이상 전교조가 불법단체였던 시절에 내세웠던 '참교육'은 사실상 그 수명을 다하였으니, 이제 그 용어 자체도 버리거나 새롭게 확실히 정의하여 국민 앞에 분명히 그 정체를 밝혀야 한다고 생각한다.

현재 전교조가 행하고 있는 '참교육'은 안된다.
건전한 시민의식을 가진 사람이라면 모두가 수긍가는 '반전 평화', '통일교육'을 한다고 내세우면서도 실제 자료 내용은 반미 일색으로 도배되어 있다시피 하고 일부의 자료에서는 상당부분 친북 내용까지 포함되어 있다.
이런 반미라던가 친북의 문제는 국가의 외교, 통일 전략에 대단히 중대한 영향을 미치는 사안이므로 심지어 정부, 정치권에서 조차도 아무도 함부로 언급해서는 안 될 일이고 아직 우리나라 국민 모두가 합의한 내용의 것이 아니다.
그럼에도 불구하고, 이를 시민단체도, 특정 정당도 아닌 교육자들의 노동조합인 전교조가 '참교육'의 일환인 '시사교육'의 명분으로 좌경 친북적 시각으로 전교조가 자체 제작하여 아무에게도 검증받지도 않은 자료를 어린 학생들에게 마음대로 교육을 시키고 있다는 것은 중대한 잘못이다.

이는 가치의 중립에서 이탈하여 교육 행위를 자신들의 특정한 목적 달성을 위한 방편으로 삼아 학생들을 그 도구로 삼지 않았는가 하는 비판을 면할 길이 없다.
따라서 최근 빚어진 전교조의 이념 편향 교육 문제의 재발 방지를 위해 적어도 특정 분야 교육에 대해서는 사전에 가치중립성에 대한 검증 절차를 밟는 것이 반드시 필요할 것이다.

즉, 정치, 외교, 통일, 안보에 관련한 시사교육이 필요한 경우, 국가의 검인정 또는 심사를 필하거나 교육청과 전교조간의 단체 협약에 의해서 폐지된 바 있는 교장의 학습 지도안에 대한 검열권을 복원시켜 가치편향교육의 가능성을 사전 차단할 수 있는 제도적 시스템을 확실하게 마련해야 한다.

전교조 합법화 이후 전국 40만 교원 중 8만여 명에 이르는 조합원을 가진 전교조는 지금 우리 국민에게 어떤 존재로 비추어지고 있을까.
과연 그 본분인 교사의 일에 정녕 충실하였는가. 그렇지 않으면 일개 '교육노동자'로서의 개인의 이기적 권익 추구와 노조원으로서의 일에 치중하였는가에 대하여 심각하게 반성해볼 필요가 있다고 본다.

- 전교조는 학교평준화가 학력의 하향 평준화와 학부모들의 부에 따

른 '학력 세습'의 문제까지 안고 있는데도, 굳이 이를 고수 하겠다고 하는 것은 학생들의 학력 평가 결과에 따른 자신들의 책임을 최소화시키며 편안한 노동자 생활을 하겠다는 취지는 아닌가?

 - 전국 단위 학력고사 실시 반대로 자신들이 소속되어 있는 학교의 학생들의 학력 수준에 대해서도 책임을 피하고 편안한 노동자 생활을 하려는 것은 아니었는가?

 - 교사평가제를 반대하는 것은 능력 없는 교사들이라 하더라도 평생 신분 보장만을 바라는, 속된 말로 '철밥통'의 노동자 인생을 추구하고자 함이 아니었는가?

 - 말로는 촌지 안받는다 하면서 내신, 음미체 평가, 수행평가의 교사 평가권 강화를 통해 학부모에 대한 자신들의 입지를 강화하여 오히려 전교조가 촌지의 온상 주인 역할을 하고 있거나 하려고 하지는 않고 있는가?

 - 특히 지방 등, 소득 수준이 낮은 지역의 학생 수준별 보충 수업은 귀찮다는 이유로 반대하여 학생들을 사교육의 장으로 내몰고 있지는 않은가?

 - 국경 없는 무한 경쟁시대에 자신들의 경쟁력 없음을 두려워하여 WTO 교육 개방 반대를 하고 있지는 않는가?

 - '민주적' 학교 단위 교육 자치는 주장하면서도 '교원의 지방직화'는

교원의 신분 불안을 들어 반대하지는 않았는가?

- NEIS 반대로 교사 자신들의 신상 정보가 공개적으로 노출되지 않기만 바랄 뿐이지 사실 학부모들의 정보 공유권은 침해하지 않았는가?

- 교직이 타 공무원 및 일반 기업 활동 종사자보다도 하루 근무 시간, 방학 등 여유 시간이 많음에도 불구하고 표준 수업시수 법제화로 더욱 많은 여가 시간을 챙기려 들지 않았는가?

- 출근부, 학습 지도안 폐지, 등을 통해 지각, 조퇴 등 자신들 마음대로의 근무와, 자율 학습 등 이른바 '멋대로 수업'을 하려 들진 않았는가?

- 등하교 학생 안전을 위한 교통 지도는 누가 시키지 않더라도 제자 사랑을 하는 교사들이라면 자발적으로 나서서 할 것임에도 불구하고 교사 스스로의 편의만을 위해 이를 학부모의 몫으로 전가시키지는 않았는가?

- 열심히 교육자 본연의 일을 묵묵히 수행하는 선생들이 자연히 승진이 빠르게 되는 것을 일컬어 '승진에 목매는 교사'라고 매도하고 교사들의 하향평준화를 암묵적으로 부추키지는 않았는가?

- 노조 활동을 열심히 하다 보니 교사 본연의 업무에 소홀하고 기존의 교장과의 마찰도 많아 결과적으로 승진도 어렵고 교장도 되기 힘들다고 판단하고 힘 안들이고 교사들끼리 투표하여 교장을 선출, 권위 없는 하

향 평준화된 교장 아래 편안히 교육 노동자로서의 생활을 하겠다는 것이 교장선출보직제(교선보)의 실체는 아니던가?

- 어려운 국민 경제는 아랑곳 하지 않고 국가에 대해 수백억에 달하는 노조비 지원, 급여 및 각종 수당의 대폭 인상, 초호화 복지 혜택 등의 요구는 지나치다고 생각하지 않는가?

- 학교 밖에서는 전교조의 이름으로 여중생 촛불 시위, 반전 평화 시위, 이라크 파병반대 시위, 민주노총 총파업투쟁에 동참 투쟁, 노동 '열사' 추모대회 동참, 멕시코 칸쿤 해외 원정 투쟁 등 노동단체, 시민단체들과 연대하여 각종 투쟁과 최근에는 정치활동에 까지 그 힘을 쏟고 있는데, 이렇게 되면 전교조가 이미 교원단체라는 성격이 변질되어 특정한 정치 사상이나 이념을 지향하는 시민단체나 압력단체 또는 정치 단체화 된 것은 아닌가?

전교조 홈페이지(www.eduhope.net)에 '희망을 이야기하자'라는 구호가 씌어져 있다.

사람의 바람(望) 중에, 얼른 보면 비슷한 '희망'과 '욕망'이 있다.
모든 사람으로부터 보편적 동의를 얻을 수 있는 것을 바랄 때, 이것은 '희망'이다.
반면 남의 희생을 전제로 개체의 욕구를 충족시키는 것을 바랄 때, 이것은 '욕망'이다.

전교조는 정녕 '희망'을 이야기하고 있는 것이 맞는가?

아니면 우리 자녀 학생들을 볼모로 잡아 자신들의 '욕망'을 이야기하고 추구하고 있지는 않은가.

처음엔 분명히 '희망'이었는데, 자신도 모르는 사이에 그것이 '욕망'으로 변하였다고 한다면, 이 나라 교육 발전을 위해 하루 빨리 그 '교육 희망'을 제 자리에 갖다 놓아 주십사 하는 청을 드리면서 글을 맺고자 합니다.

감사합니다.

편저자 김 동 렬

우리 아이들을 볼모로 잡지 마라
전교조에 告함

2004년 12월 11일 발행
2004년 12월 18일 1쇄

지 은 이 / **김 동 렬**
펴 낸 이 / **윤 현 호**
펴 낸 곳 / **뿌리출판사**
홈페이지 / **www.rootgo.com** / E-mail : rootgo@dreamwiz.com
주　　소 / 서울시 성동구 성수 2가 3동 317-10 2층 우편번호/133-835
전　　화 / (代)2247-1115, 466-4516, 팩 스/ 466-4517
출판등록 / 서울시 등록(카) 제 1-551호 1987.11.23

ⓒ 2004. 김동렬

값 / 10,000원
ISBN 89-85622-48-X

*잘못된 책은 바꾸어 드립니다.